Zum Geburts[tag]
von Renate in inniger
Zuneigung.

Henri Boulad

Der mystische Leib

Henri Boulad

Der mystische Leib

Kosmischer Zugang zur Eucharistie

Übersetzt aus dem Französischen
und herausgegeben von
Hidda Westenberger

5. Auflage 2005

OTTO MÜLLER VERLAG

1. Auflage 1993

ISBN 3-7013-1025-4

Umschlagentwurf: Ulrike Leikermoser
Umschlagfoto hinten: Hidda Westenberger
Druck und Bindung: Ueberreuter, Korneuburg

Inhalt

Meine Kommunion mit dem Universum

Meine lieben Freunde! Vor nicht langer Zeit habe ich mit einer Studentengruppe drei meditative Tage draußen in der Wüste bei Alexandria verbracht, um mit diesen jungen Menschen einmal über das Wesen unserer Messe nachzusinnen, insbesondere über das Abendmahl, das wir EUCHARISTIE nennen. Auch nachts im Feuerschein der Sterne haben wir dieses Mysterium zusammen gefeiert, und am Ende dieser drei Tage sagte mir einer der Teilnehmer:

> *„Mein Pater, niemals hätte ich für möglich gehalten, daß die Messe von solcher Tiefe ist und von solcher Weite, daß sie eine Kommunion mit dem Universum bedeutet, einen mystischen Akt“,*

und ich sagte zu ihm:

> *„Du weißt noch immer nichts über die Messe. Nur sehr wenig haben wir bisher über ein Mysterium aussagen können, das Dich und mich und uns alle in unendlicher Weise übersteigt.“*

Und doch möchte ich auch mit Ihnen, meine Freunde, diese Erfahrung in den kommenden sechs Tagen teilen. Wenn ich für unsere Begegnung bezüglich der Themenangabe einen „kosmischen Rahmen“ gewählt habe, dann sicher nicht, um einem derzeitigen Modetrend nachzulaufen, vielmehr liegt es mir am Herzen, mit Ihnen einmal sehr freizügig über das ganze Ausmaß und die Bedeutung der Eucharistie zu reflektieren. Nähern wir uns dabei behutsam kleinen Schrittes diesem großen Glaubensgeheimnis, das wir Sonntag für Sonntag, Jahr für Jahr, ein Leben lang miteinander feiern. Deshalb sollten wir, so meine ich, das Anliegen haben, eine tiefere und umfassendere Sicht als bisher zu gewinnen, indem wir eine GANZHEITSSCHAU entwickeln, die ich eine KOSMISCHE SCHAU nennen möchte, denn wir sollten die Messe als die Kommunion mit dem Universum verstehen und als die wahrhaftige Einswerdung aller Wesen im MYSTISCHEN LEIB.

Bedauerlicherweise ist eine unendliche Zahl glaubenswilliger Christen erschreckend weit davon entfernt, die Tiefendimension des eucharistischen Mahles auch nur zu ahnen. Wenn sie traditionsbewußt vor den Altar hintreten, um die ihnen gespendete Hostie in Empfang zu nehmen, so hören sie den Priester in der Person Christi sprechen: *„Das ist mein Leib"*, woraufhin sie ihrerseits pflichtgemäß ihr AMEN geben. Doch wievielen unter ihnen wird dabei bewußt, daß sich hier ALLES IN ALLEM vereint, Himmel und Erde, Materie und Leben, Vergangenheit und Gegenwart, Menschheit und Gottheit?

• VERLANGEN NACH EINSWERDUNG MIT DER NATUR

Ich weiß nicht, ob es Ihnen zu manchen Stunden wie mir ergeht, daß Sie vor einem bestimmten Naturpanorama von einer seltsamen Sehnsucht erfaßt werden. Angesichts dieser besonderen Schönheit verspüren Sie das Verlangen nach Teilnahme an diesem Leben – und vor allem nach Dauer. Sie weigern sich, an den nahenden Abschied zu denken, Sie möchten dieses Stück Gottesschöpfung mit beiden Armen umgreifen und festhalten können. Deshalb sagen Sie sich: *„Ich werde es mit meiner Kamera festhalten."* Ich aber will noch viel mehr, und mancher unter Ihnen wird diese Erfahrung mit mir teilen: Ich will diese Augenweide ganz in mich aufnehmen können, damit sie ein Teil von mir selber werde, für immer mit mir vereint. Wo gründet ein solches Verlangen? Ich meditiere, und es wird mir bewußt, daß die Natur die Verlängerung meiner Glieder ist und die Ausdehnung meines Herzens, meines Gemütes und meiner Sinne. Ich fühle, daß ich grundsätzlich eines Wesens mit ihr bin, und solange ich sie nicht vollständig assimiliert habe, empfinde ich Unvollkommenheit, also ein Unbehagen. Ich fühle sogar eine Leere in mir, die sich vergrößert, je bewußter mir wird, daß mir dieses Integrationsvermögen fehlt. Und dieser Mangel verschafft mir ein Leiden. Doch das ist schon das zweite Stadium…

Zunächst fühlt sich der Mensch durch das Erleben einer landschaftlichen Besonderheit spontan erhoben, er fühlt, daß er „aufgeht", wächst, größer wird, deshalb breitet er die Arme weit aus und zieht das Geschaute tief in sich ein. Dabei empfindet er Freude, denn er fühlt, daß er der Vervollkommnung seines Wesens in diesen Augenblicken einen Schritt näher kommt. Nicht nur er, sondern auch die Natur im Einssein mit dem Menschen kommt weiter! So wie ich mich in der Welt vollende, so vollendet sich die Welt in mir. Jedoch bedeutet diese Erkenntnis noch nicht ihre Erfüllung.

Schon als Kind hatte ich derartige Nostalgie-Erfahrungen: Allein am Sonnen-Strand von Alexandria überkam mich die Sehnsucht nach Kommunion mit diesem starken Meer, und ich wollte das faszinierende Wechselspiel seiner Farben nicht nur betrachten und bewundern können, nein, ich wollte das gesamte Mittelmeer in mich aufnehmen können. So sprang ich hinein, um es zu besitzen! Umsonst… Wissend um mein kläglich kleines Menschmaß begnügte ich mich damit, mich selber seinen Wellentänzen hinzugeben und mich nach Herzenslust darin zu tummeln.

Später als Student im Libanon, dasselbe Verlangen nach Gemeinschaft, nach Ganzheit, dasselbe Bedürfnis, die Natur einzuatmen, um in ihr aufzugehen. Stark zehrt im Menschen dieses Sehnen nach Einswerdung! Ich denke an Augenblicke wahren Sinnentaumels während der Frühlingszeit im zauberhaften Hochland des Libanon: Hingestreckt auf einem Waldblumenteppich, habe ich mich unter Kiefern, Tannen, Zedern einem mystischen Erleben hingegeben, das wir hier in Ägypten leider nicht haben können. Und diese duftende, schweigende Natur ließ mich spüren: *„Du bist von mir, du bist durch mich, ich existiere für dich."*

Und nun bei meinen Wüsten-Exerzitien mit der Jugend – dasselbe! Fern von den aufdringlichen Neonlichtern Alexandrias, dort draußen im sanften Glanz der nahen Sterne – derselbe Wunsch nach Einswerdung mit dem Universum! Ein närrischer, utopischer Wunsch fürwahr, doch weshalb grüßen und locken uns die Sterne aus den Tiefen des Alls, warum fühle ich mich heimlich angerufen von diesem „unpersönlichen" Universum, dieser „unbeseelten" Natur, von einem Kosmos unausforschlicher Weiten und fremder Welten, die mich dennoch bitten, eins mit ihnen zu werden? Dann frage ich mich, wie sich diese Einswerdung jemals vollziehen sollte, wie soll ein Mensch am Leben des Alls teilnehmen können?...

Ein Dichter erlebt die Gemeinschaft mit der Natur auf seine eigene Weise. Sein Herz vermag das Erlebte in guten Versen auszudrücken, wobei er aber spüren muß, daß ihm das Wesentliche nicht gelingen will. Durch die Geburt eines Gedichtes hat er seinen Traum beschrieben und gestaltet, doch erfüllt hat er sich nicht, nicht für ihn und für niemanden, der seine Dichtung liest. Daher schwingt durch alle Poesie ein bestimmtes Maß an Traurigkeit und manchmal Bitternis, die Dichtkunst trägt an einem Leiden, es ist das Leiden der Menschenseele, deren Durst ungestillt geblieben ist. Die Kunst bleibt nur ein Weg für uns, sie selbst ist nicht das Ziel.

• DER SPRECHENDE ORANGENBAUM

Der französische Dichter Lamartine hat die Natur direkt befragt, aber seine stille Klage angesichts des Unerreichbaren drückt bereits die Ahnung aus, daß unser sinnlich wahrnehmbares Universum nur der äußere Mantel von etwas inwendig Lebendigem ist, mit dem der Mensch Verbindung aufnehmen könnte:

„Ihr unbelebten Dinge, habt ihr wohl eine Seele, die sich der unseren beigesellt? Habt ihr die Fähigkeit zu lieben?“

Dieses Fragen eines Künstlers signalisiert, daß ein Jemand im Objekt erhofft und vielleicht erspürt wird, mit dem die Menschenseele sich vereinen könnte. *„Ihr unbelebten Dinge, habt ihr wohl eine Seele?“* Aber gewiß! Ganz gewiß gibt es die aktive Weltseele, deren Freude es ist, die unnennbare Zahl der Dinge und Wesen zu beleben – es ist die SEELE CHRISTI.

In einer Legende des Brasilianers Vasconcelos mit dem Titel *„Mein schöner Orangenbaum“* hat sich ein sechsjähriger, von seinen Eltern stark vernachlässigter Bub zu einem Orangenbaum geflüchtet und mit ihm innigste Freundschaft geschlossen. Viel heimliche Zeit verbringt er dort, die kleine Kinderbrust fest an den Stamm gepreßt, das Kind vertraut sich an und weint sich aus, es spricht mit diesem Baum – und der Baum antwortet. Selig lauscht es auf die Sprache des Freundes, und nur dieses Kind versteht sie, die Erwachsenen gehen vorüber, bemerken nichts, hören nichts, verstehen nichts, fühlen nichts. Sie leben auf einer anderen Welle. Das Kind aber liebte diesen Baum so sehr, daß eines Tages eine Verständigung möglich wurde.

„Ein nettes Kindermärchen, aber Bäume können nun mal nicht reden“, werden Sie mir sagen. Wenn aber doch? Wieviel haben wir in diesen Bereichen erforscht? Bäume könnten über ihr eigenes, geheimnisvolles Kommunikationsmittel verfügen, das uns Gehirnmenschen gänzlich unzugänglich ist und daher unbegreiflich bleibt. Vielleicht liegt versteckt im Mark ihrer Stämme oder in den zitternden Spitzen ihrer Zweige ein ungeheures Sehnen, sich der Welt mitzuteilen und mit den andern Lebewesen Verbindung aufzunehmen?

Bei diesem mystischen Dialog zwischen einem Kind und einem Baum geschieht zumindest etwas Großes und Entscheidendes: Das Kind humanisiert diesen Baum, und der Baum fördert dieses kleine Menschenwesen in seiner inneren Entwicklung. Der Strom des Lebens geht von einem Wesen auf ein anderes über, es ist der Strom der ewigen Liebe des Seins, der beide durchfließt, und langsam werden die beiden verschiedenen Wesen eins. Die Harmonie und die biologische Kraft des Orangenbaumes stärken und erweitern den Kinderleib, und das Herz des Buben schlägt mit dem Baumherzen, in seiner Freude, in seinem Kummer...

Kinder weinen, Alte weinen, Frauen weinen, Heilige weinen. Wer nicht weint, das ist im allgemeinen der Mann, denn er ist gespalten, er lebt wie in einem vorläufigen Zwischenreich, denn er kennt nur unser Normalbewußtsein, in dem er fortwährend reflektiert. All das ist notwendig, aber es ist nicht alles, und diese Einseitigkeit muß überwunden werden. Auch der Mann muß zur Einheit seines Wesens finden, zur Versöhnung von Fleisch und Geist, von Äußerem und Innerem, von Gedanke und Gefühl. Nachdem wir unsere Einheit zerstört haben, müssen wir sie, wie wir es normalerweise bei jedem Bruch tun, wieder herstellen. Der Mensch, und insbesondere der Mann, muß von der Einheit, aus der das Kind lebt, zur Einheit, aus der der Heilige lebt, finden, denn

> *„wenn ihr nicht werdet wie die Kinder, dann könnt ihr nicht ins Himmelreich kommen."*
>
> (Matthäus 18,3)

So geniere sich niemand seiner Tränen! Tränen sind ein Zeichen des inneren Gleichgewichts, in dem sich alles löst, sie sind ein Zeichen der Einheit einer Person. Das sollte man wissen. Von dem selben mystischen Autor ist mir eine andere Erzählung bekannt: *„Rosinha, mein Kanu"*, bei dem es um diesen geeinten, erwachsenen Mann geht, ein sehr einfacher, urwüchsiger Mensch aus den Urwäldern Brasiliens stammend, den wir gewöhnlich als wild und primitiv bezeichnen... Er besitzt ein Kanu, das er sich als Bub aus Baumrinden zusammengesetzt hat. In all den Jahren hat dieser Mann unendlich viel mit seinem Kanu erlebt, wobei beide Freunde geworden sind, die einander beglücken. Wir finden dasselbe Thema wieder, dieselbe Aussage: Ein Mensch liebt ein Ding, spricht mit ihm und versteht dessen Sprache. Aber die anderen Dorfbewohner reagieren mit Spott und Härte...

Die Erzählung endet tragisch, denn die Mitmenschen nehmen Anstoß an seinem Verhalten, trennen ihn von seinem Kanu und zwingen ihn in eine Heilanstalt. Dort soll er das normale Leben lernen, das ihn verpflichtet, ein Dasein wie jedermann zu führen, d. h. ein „vernünftiges" Oberflächendasein im Außenbezirk von sich selbst. Doch in dieser Zone wird ihm keine wahre Gemeinschaft mit dem Sein mehr möglich werden, denn das Wesen der Dinge und ihre Sprache wird dort nicht verstanden. Seine „Heilung" wird ihm Weltentfremdung und Selbstentfremdung bringen.

Diese beiden brasilianischen Erzählungen zu Ihrer inneren Betrachtung. Wollen sie uns nicht zeigen, wie nah uns die Dinge sind, und daß sie eine Seele haben? Für unsere Vorfahren bestand darüber kein Zweifel, und der Animismus heutiger Naturvölker kann uns darüber noch immer belehren. Es genügt, die Bibel aufzuschlagen und ausgebreitet über hundert herrliche Psalmentexte die Sprache der Natur zu vernehmen. Dem Schöpfer wird Preis und Dank gesungen: Felsen jubeln, Bäume tanzen, und hymnisch preist der Sternenhimmel die Herrlichkeit Gottes. Diese Psalmensprache ist weder Dichtung noch Symbolik, sondern sie klingt uns herauf aus dem Herzen der Wirklichkeit, *„wer Ohren hat, der höre"*, denn sie ist wahr, vollkommen wahr.

Sind wir Heutigen denn noch für diese Wahrheit erreichbar? Fühlen und begreifen wir den Lobgesang der Schöpfung? Sind wir fähig, aus voller Seele hier mit einzustimmen? Verstehen wir es noch, mit der lebendigen Natur in all ihrer Ausstrahlung zu kommunizieren? Ich glaube, wir sind herzens-taub für eine solche Liebeshymne in unserer unmittelbaren Nähe geworden, eine seelische Starre hat uns aus der Welt entfernt, mit der wir einst geatmet haben, weil wir ihre geheimen Laute wohl verstanden hatten. Freilich erfreuen sich unsere Sinne nach wie vor an der „Schönheit der Natur", doch es bleibt beim Bewundern des äußeren Erscheinungsbildes, eine tiefere Anteilnahme ist aufgrund unserer Lebenshast und unseres Oberflächenblicks nicht möglich. So eilen wir am pochenden Herzen der Natur vorüber. Wie soll sie uns dann ihr Geheimnis enthüllen und ihre

Werte wissen lassen? Zweifeln wir daran, daß der Weltenschöpfer, der aus den inspirierten Autoren der Psalmen wie durch die innere Stimme vieler Menschen zu allen Zeiten auch aus dem Universum zu uns spricht? Unsere Erde ist Trägerin einer sehr wesentlichen Botschaft, die wahrscheinlich nur die unverbildeten Kinder und einfache, naturverbundene Menschen verstehen können, weil beide dieser Ursprache der Schöpfung näher sind, der Paradiesessprache bei Gott im Urzustand der Gnade.

• UNSERE NOTWENDIGE VEREINFACHUNG

Rückkehr zur ursprünglichen Einfachheit! Das Wiederfinden seines eigenen kindlichen Herzens bringt die weise Erkenntnis, daß unsere Märchen und Legenden wahr sind! Durch eine Neubekehrung zu dem, was der Mensch einmal war, wird ihm klar, daß es Gott ist, der aus der „unbeseelten Natur" zu ihm spricht. Solche Erzählungen wie die von Vasconcelos sind keine Blüten dichterischer Phantasie und sonst nichts, sondern lebendige Wahrheit. Von der brasilianischen möchte ich auch auf die deutsche Literatur verweisen und dort auf einen großen Geist: Im Wesen des Atheisten Nietzsche offenbart sich mir immer wieder eine religiöse Dimension mystischen Tiefgangs, stärker und überzeugender als bei vielen Autoren, die sich „Spirituelle" nennen. Wie energisch Nietzsche den Menschen auffordert, den Sinn der Natur neu zu begreifen!

Wenn dieser Schritt der Rückkehr zur Natur im christlichen Bewußtsein der Menschwerdung Gottes geschieht, dann verleiht der Mensch der Welt, die ihn gebar, hält und trägt, einen Sinn, er versorgt sie mit menschlichem Atem, er haucht ihr seinen Geist ein. Anders gesagt, wenn sich der Mensch geistig auf die Natur einzulassen versteht, ohne sich dabei in sentimentalen Gefühlen zu verbrauchen und in diesem Genießen alles untergehen zu lassen, dann wird er sie in sein eigenes Wesen umformen und vergeistigen. Das ist der wahre Sinn der Kontemplation („contemplari" = beschauen), das ist die edelste Art einer Naturbetrachtung.

Der Mystiker ist ein Mensch, der diesen Weltleib als Person „am eigenen Leib“ erfährt, der den Namen dieser Person kennt und ihr Gesicht innerlich schaut. Ich selber spüre Gottes wesenhaftes Gegenwärtigsein, wenn ich mich der Natur ganz hingebe, denn es ist so, wie Pascal es sagt:

> *„Für das menschliche Herz ist Gott spürbar (...).*
> *Er enthüllt sich vor denen, die ihn suchen.“*

Das sind unmittelbare und unübertragbare mystische Erfahrungen. Die Gottesliebe, in der eine Seele in voller Bewußtheit baden darf, kann durch nichts anderes erklärt werden als durch sich selbst, die Liebe, weil Zeit und Raum verlöschen und mit ihnen unsere menschliche Sprache. Warum wird Franz von Assisi der große Liebende der Schöpfung genannt? Weil er die Kommunion mit der Natur, diese tiefe Geschwisterlichkeit mit allen Dingen und Wesen, vermutlich am vollkommensten gelebt hat. So verstehe ich auch, daß er die Stimmen der kleinen Waldvögel verstand. Dieser große Mystiker erlebte in Reinheit und Tiefe die Transparenz der Welterscheinungen. Auch für den anderen großen Mystiker, Johannes vom Kreuz, wird ein Wald, ein Fluß, eine ganze Landschaft zum Geliebten. Für die minnende Seele dieser Heiligen waren die Dinge der Natur nicht nur fühlendes Leben, sondern ein Liebesobjekt. Ihre innerste Lebensflamme offenbarte sich ihnen in der Gegenwart Gottes, ihres Geliebten. Ich erinnere hier auch an ein außerordentliches Wort aus dem Koran:

> *„Gott ist dir näher als deine Halsschlagader.“*

• DAS CHRISTUSLEBEN, PULSSCHLAG DER SCHÖPFUNG

Und nun werden Sie mich fragen: *„Was aber hat das alles um Himmelswillen mit unserer Messe zu tun?“*, worauf ich Ihnen antworte: Wir befinden uns bereits im Zentrum des eucharistischen Geheimnisses, im Herzen der Messe! Die Eucharistie ist die Antwort Gottes, denn sie kommt diesem starken Sehnen des Menschen entgegen, der die Welt assimilieren möchte, um in ihr aufzugehen. Christus ist diese Lebensflamme im Inneren jeder Existenz, und dieses geheime Leben hat eine Sprache, ein Gesicht und einen Namen. Wir, die wir die Fülle der Offenbarung haben, wissen, daß die Schöpfung einen Namen hat – JESUS CHRISTUS. Er ist es, der Geist und Sinne dieses Autors Vasconcelos mit der Erkenntnis inspirierte:

> *ICH BIN DAS LEBEN. Ich bin auch das Leben dieses Orangenbaumes, so wie ich das Leben dieser üppigen Natur Südamerikas bin. Und ich bin das Leben dieses leidenden Kindes, das beseligt wird durch diesen Baum.*

Johannes bestätigt uns, Christus sei das Leben aller Dinge und Wesen, daß sich in ihm alles heranbildet und durch ihn alles erhalten bleibt, er ist der KOSMISCHE CHRISTUS, der das Universum beseelt und umgreift. Und wir Menschen sind Geschwister dieser Erde, zwischen der Natur und uns läuft ein unzerreißbares Band, es strömt ein Lebensfluß nach allen Richtungen, der uns mit allem anderen Geschaffenen grundsätzlich verbunden hält. Christus ist diese Lebenskraft, die der Mensch existentiell an sich erfahren möchte...

Weil aber der sich sehnende und sich zeitweise verzehrende Mensch nicht nach den Sternen greifen kann, um sie sich einzuverleiben und eins mit ihnen zu werden, weil er die Berge nicht verspeisen und das Meer nicht austrinken kann, so wurde es ihm symbolisch möglich gemacht, unter den Gestalten von Brot und Wein die Welt vollständig zu assimilieren. Indem Christus am historischen Gründonnerstag über dem von ihm gesegneten Brot die ernsten Worte sprach:

„Das ist mein Leib“,

(Lukas 22,10)

versicherte er uns, daß die Welt nun tatsächlich SEIN LEIB geworden ist. Bei der Kommunion mit diesem Brot und diesem Wein erlebe ich endlich mein Eingehen in die Natur, mein Verschmelzen mit dem Universum. Wie verschwindend wenig vermag ich doch auf normalem Wege von dieser Lebensnatur um mich her zu integrieren! Die Unendlichkeit des Kosmos trotz seines beschränkten Menschenleibes vollkommen in sich zu vereinen, das ist nur einem einzigen Wesen möglich gewesen – Jesus von Nazaret, dem fleischgewordenen WORT Gottes. Nur er, der ewige Logos, war dazu fähig gewesen, er nahm im Akt seiner Menschwerdung das Universum in seiner Gesamtheit auf. MENSCHENSOHN UND GOTTESSOHN. Dieser Gottmensch, empfangen von Maria, bildet den Leib unserer Menschheit und des Kosmos in Einheit, er ist der Pulsschlag der Schöpfung, denn

> *„alles ist durch das WORT geworden, und ohne das WORT wurde nichts, was geworden ist. (...) Die Welt ist ja durch ihn gemacht."*
>
> (Johannes 1,3+10)

Wenn man mir die konsekrierte Hostie spendet und ich mein Amen gebe, dann sage ich es über dem ganzen Weltleib, Christus, der sich dank der Inkarnation in diesem Augenblick mit mir vereint. Jetzt kann es endlich geschehen, was mir unerreichbar galt, wird innigste Nähe, was ich schmerzlich für irreale Wünsche hielt, wird ganz real. Durch die Einsetzung der Eucharistie hat das anonyme Universum eine persönliche Gestalt und einen Namen angenommen, es ist zur *Person* geworden. Für keinen Menschen muß die Schöpfung mehr ein unerforschliches Rätsel sein, sondern kann im Christusgesicht, das sie enthält, zur Vertrauten werden; im Christusleib, den die Hostie enthält, zur Kommunion.

• BROT IST LEBEN

Um aber diese Sichthöhe zu erreichen, sollten wir zunächst einmal damit beginnen, eines der alltäglichsten und ganz konkreten Dinge unseres Daseins näher zu betrachten – ein Stückchen Brot. Im Brot liegt dieses Geheimnis versteckt, das uns jetzt für eine Reihe von Tagen beschäftigen wird.

Als kleiner Bub in Alexandria wurde ich nicht selten nach der Schule gleich noch einmal fortgeschickt, um für unseren Familientisch die glänzenden, goldgelben Baguettes vom Bäcker zu holen. Dem intensiven Duft aus meiner Riesentasche, die ich mir umgehängt hatte, habe ich wohl niemals widerstehen können, sondern knabberte auf dem Heimweg heißhungrig von den besonders knusprigen Enden. Seit dieser Kindheitserfahrung hat das Wort „Brot“ einen besonderen Sinn für mich und wahrhaftig einen Geschmack.

In Ägypten sagen wir, das Brot sei Leben. Damit aber Worte dieser Art Gehalt bekommen, müssen sie auf eine existentielle Erfahrung zurückgreifen können. Beim Spenden der Sakramente werden materielle Dinge verwendet, um geistige Dinge darzustellen und geistige Wirklichkeiten mitzuteilen. Damit aber dieses Geistige einen Inhalt bekommt, muß zunächst vom Materiellen genommen und entsprechend von ihm gekostet werden. Die Materie erweist dem Geist diesen Dienst, Zeichen und Bedeutung vereinen sich. Die wahre Bedeutung kann man nur dann verstehen, wenn man Erfahrung mit dem Zeichen hat, und diese Erfahrung muß tief genug gegangen sein, denn man „begreift“ das Geistige nur dann, wenn man sich im Innern des Materiellen auskennt. Anders gesagt: Wir menschlichen Wesen aus Fleisch und Blut können uns den himmlischen Wahrheiten nur nähern, indem wir zunächst die irdischen Wirklichkeiten Zug um Zug durchschreiten. Ist das nicht letztlich der tiefe Sinn der Menschwerdung Gottes, der Inkarnation?

Was aber ist Brot? Wir sagen, es sei ein „Lebensmittel“, weshalb wir es alle Tage zu uns nehmen; und wenn wir im Vaterunser um unser tägliches Brot bitten, dann bitten wir um Existenzerhaltung. Das ägyptisch-arabische Wort für Brot ist in diesem Zusammenhang vielsagend. Wir verwenden nicht wie in der übrigen Arabischen Welt das Wort KHOBZ (Gebäck), sondern AISCH (das Leben Gebende, Erhaltende). Bedeutsame sprachliche Genauigkeit! Tag für Tag findet eine innere Wahrheit hier ihren Ausdruck. Und welche Verehrung dem Brotbegriff zukommt, zeigt sich gar im Vergleich zur Güte eines Menschen:

„Houwa tayyeb zay-el-aisch et-taza."
(Er ist so gut wie gutes Brot)

Jesus aber hat seine Jünger angewiesen, sich keine Ängste um den nächsten Tag zu machen, so wie es die sorglosen Lilien im Felde halten, meinte er, denn das Leben bedeutet entschieden mehr als physische Stärkung. Damit wollte er deutlich machen, daß, wenn Gott uns einen bedürftigen Leib geschaffen hat, er auch für Wege und Möglichkeiten zu seiner Grunderhaltung sorgt. Kreisen unsere Sorgen nicht um eine schauderhafte Unzahl überflüssiger Dinge, die uns den Blick ins Wesentliche ganz verstellen?

„Nehmt euch in acht, daß die Sorgen des Alltags euch nicht verwirren."

(Lukas 21,34)

• GESCHMACK AM LEBEN HABEN

Diesen Aufruf sollten wir wortwörtlich nehmen, denn selbst unser Geschmackssinn ist ein Weg zu Gott. Der Akt des Essens, selbst ganz schlichter Speisen, sollte für uns eine religiöse Bedeutung bekommen, und seine MYSTISCHE DIMENSION sollte endlich erfaßt werden! Die Nahrungsaufnahme, so glaubt man, betrifft allein den leiblichen oder animalischen Bereich unseres Daseins, weil mit ihm der Magen-Darm-Trakt in Bewegung gerät. Läßt man sich dagegen mit gefalteten Händen in einer Kirchenbank nieder, dann ist das ein ganz anderer Lebensbereich, das ist etwas Spirituelles!... Warum, meine Freunde, soll nicht versucht werden, Gott auch über unsere Gaumenfreuden zu erreichen, die er doch als unsere „Wohltaten" erdacht hat? Warum diese lebensnotwendige Stunde der Mahlzeit nicht zu einem geistigen Akt werden lassen, ebenso religiös wie eine Stunde Gottesdienst und ebenso mystisch wie eine Meditation?

Wenn Gott sich real in dieser Welt inkarniert hat, wenn er unsere Welt im Innersten bewohnt und sie von dorther behaucht und belebt, dann müßten wir ihn auch bei Tisch existentiell erfahren, kosten und schmecken können! Und insofern wären dann alle irdischen Erfahrungen ein Weg zu ihm, ein Mittel, ihn im eigenen Herzen zu spüren, wie Pascal sagt. Dann, meine lieben Freunde, lebten wir eine echte EXISTENZRELIGION. Ja, die Dinge von innen her schmecken lernen! Selbst dem Banalen und Einfachen sich nicht nur hinschauend im „reinen Blick" der Kontemplation nähern, sondern mehr noch, eindringen und das Innerste verkosten!... Meine Freunde, Sie wissen es, ich spreche von der Logik der Dreifaltigkeit, der Logik der Inkarnation, der Logik des Kreuzes, weil ich von der LOGIK DER GOTTESLIEBE spreche, und heute spreche ich zu Ihnen auch von der LOGIK DER EUCHARISTIE. Doch davon später...

Wer sich eine reife Frucht vom Teller nimmt, sie eine Weile in den Händen betrachtet und sich an ihr freut und sie sich dann von Herzen schmecken läßt ..., oder wem eine Süßigkeit gereicht wird, die ihm auf der Zunge zergeht, dieser kommuniziert mit dem lebendigen Gott, der sich ihm darreicht. Bitte denken Sie bei Speis und Trank nicht an den kosmisch fernen Weltengeist, den transzendenten Gott, sondern an die geheime Weltsubstanz, den nahen Gott, jetzt auf Ihrer Zunge. Forschen Sie bewußt mittels Ihres Geschmackssinnes nach demjenigen, der sich für Sie greifen läßt, dringen Sie beim Essen heimlich zu Gott vor, und erfahren Sie jenseits aller Tafelgespräche und jenseits des Materiellen dieses Mahles existentiell die Offenbarung seiner Güte.

„Kostet und seht wie gütig der Herr ist."

(Psalm 34,9)

In der spirituellen Sprache wird das Wort „verkosten" heute viel verwendet. Etwas verkosten, das ist eben dieses Vordringen bis zum Kern, um an der Essenz teilzunehmen. So kann sich mir beim bewußten Genießen einer Mahlzeit die Seele der Welt kundtun. Ich habe immer die Meinung vertreten, daß der Geschmackssinn einerseits wohl der materiellste, andererseits aber der geistigste unserer Sinne ist. Mögen ihn andere einen niederen Sinn nennen, für den Mystiker bleibt er der religiöseste, und ich möchte fragen: Wie lange wird es noch dauern, bis wir gelernt haben werden, mehrmals täglich unseren Akt des Essens als einen mystischen Akt zu begreifen?

• NUR EIN GLAS WASSER

Während einer sommerlichen Exerzitienwoche für junge Mädchen in Kairo habe ich an einem dieser feuerheißen Tage jeder der Teilnehmerinnen ein Glas frisches Wasser auf den Tisch gestellt und sie um Geduld gebeten:

> *„Tut mir den Gefallen und wartet! Schüttet dieses Wasser jetzt nicht gedankenlos in Euch hinein wie in ein Abflußbecken, auch wenn der Durst brennt. Nehmt Euch einmal Zeit, dieses funkelnde, kühle Glas mit dem kostbaren Inhalt zunächst still zu betrachten und Euch zu freuen, daß es für Euch überhaupt existiert. Und dann führt Ihr es sehr langsam an die Lippen und genießt mit geschlossenen Augen jeden Schluck. Dabei bedenkt Ihr, daß jetzt das GOTTESLEBEN in Euch fließt, um Euch neu zu beleben. So werdet Ihr selbst feststellen, daß Ihr beim Trinken einen wahren mystischen Akt vollziehen könnt."*

Das ist viele Jahre her, aber die Mädchen und Frauen, mit denen ich noch Verbindung habe, erinnern sich noch gut an diese Minuten einer tiefsinnigen Erlebniserfahrung. Durch ihr „Hinschmecken" und gedankenvolles Innehalten vermochten sie mit Zunge und Kehle die Gottesgüte am durstigen Leib zu spüren. Es gibt eine hohe Kunst des Essens und Trinkens, die der perfekten Beherrschung aller Regeln unserer Tischsitten überlegen ist, und diese Kunst ist für jeden erlernbar. Dann könnten unsere Tagesmahlzeiten über die Gottesdienststunde hinaus zu weiteren Eucharistiefeiern erhoben werden, zu authentischen Kommunionen mit dem lebendigen Gott. Gott, nicht nur anwesend in unserer Mitte, einbezogen durch ein Tischgebet,

„Wenn zwei oder drei in meinem Namen beieinander sind, dann bin ich mitten unter ihnen",

(Matthäus 18,20)

sondern selbst wesenhaft gegenwärtig IN DEN DINGEN SELBST, die wir zu uns nehmen. Unsere „Lebensmittel" sind Gottes „Lebenszeichen" und ein Hinweis, daß alles Leben heilig ist, weil alles in Gott seinen Ursprung hat. Seit dem Tag, an dem ein Mensch das verstanden hat, könnte er bei jeder seiner Tagesmahlzeiten die Aura des Heiligen wahrnehmen.

Fähig werden, Gottes Anwesenheit in der Tagesmahlzeit zu erspüren, und zu fühlen, daß Gott sich uns hingeben will! Fähig werden, aus dem selbstverständlichen Akt des Speisens einen religiösen Akt werden zu lassen und dieses gewöhnliche Tun in ein heiliges wandeln! Das ist der Gipfel spirituellen Lebens, meine lieben Freunde, denn hier begegnen und vereinen sich das Irdisch-Sinnliche und das Mystische.

• DENN SELBST DAS SINNLICHE IST GEISTIG

Schauen wir tiefer. Es geht nicht nur um den „Geschmack Gottes", den wir haben dürfen, wenn wir uns auf ihn einstellen, sondern dieser Akt des Essens ist in einem noch umfassenderen Sinn religiös zu nennen. Mineralstoffe, pflanzliche Produkte, nahrhaftes Fleisch – all das wird bei unserer Ernährung nicht nur in muskulöses und geistiges Schaffen verwandelt, sondern vor allem in die verschiedenen Formen und Stufen der Liebe. Hören Sie hierzu einen Text aus einem meiner viel zitierten Bücher – *„Alexis Sorbas"*:

„Endlich verstehe ich, daß unser Essen auch eine geistige Funktion hat und daß aus dem Fleisch, dem Brot und dem Wein, obwohl sie Naturstoffe sind, letztlich der Geist hervorbricht. Und ich habe mir gesagt, daß diese unvergängliche Kraft, die unsere Materie in Geist zu wandeln versteht, göttlich genannt werden muß. Jeder Mensch verfügt in seinem

Innern über einen Anteil dieses göttlichen Wirbelwindes, und deshalb gelingt es ihm, das Brot zu bekehren, das Wasser oder das Fleisch, um es in menschliches Tun und Denken umzusetzen. (...)

Ein wenig nach Mitternacht ging die mystische Feier zu Ende. Christus war geboren. Die Dorfleute beeilten sich, in fröhlicher Stimmung hinzugehen und zu schlemmern. Warum? Sie mußten nun bis in den Bauch hinein das Mysterium der Inkarnation zu spüren bekommen. Der Magen ist der feste Grund, damit man aus Brot, Wein und Fleisch Gott erschaffen kann."

(Nikos Kazantzakis)

Unsere christliche Religion verfügt über einen tiefen Humanismus. Aufgrund der Inkarnation hat sie Sinn für das Irdische. Weihnachten wäre nicht Weihnachten ohne den großen Festschmaus im strahlenden Beisammensein mit dem besonderen Bratvogel, ohne das besonders gewürzte Gebäck, ohne die feierlichen Klänge sehr bestimmter Musik und der hellen Kerzenflut in allen Häusern... Herzensfreude, Leibesfreude und Geistesfreude aufs Engste vereint. Warum aber nur an seltenen Festtagen in diesem Rahmen? Lassen wir es nicht länger zu, daß man uns das Leben in zwei Versionen präsentiert, willkürlich auseinandergeschnitten, was doch zusammengehört, zu lange lebten wir schon diese „Schizophrenie". Beide Lebensaspekte, der geistige und der leibliche, wollen sich gegenseitig befruchten, das Geistige steht dem Leiblichen nicht gegenüber, sondern es ist dessen Substanz. Das Geistige ist der Wesenskern aller Dinge, denn *„selbst das Sinnliche ist geistig"*, wie Charles Péguy es treffend genannt hat.

Gott ist das Herzstück einer jeden innerweltlichen Erfahrung, das Zentrum jeder sinnlich wahrnehmbaren Erscheinung, weil alles in ihm seinen Existenzgrund hat. Deshalb sollten wir ALLES als gut, positiv und sinnvoll betrachten und alles Irdisch-Weltliche als das Sakrament Gottes begreifen, dessen Gnadenwirken innerweltlich wandelnd aktiv ist.

Nehmen wir im reinen Gedanken an den Schöpfer an, was er uns bietet! Wer für den asketischen Dauerverzicht bis hin zur Entsagung bei Tisch plädiert, für den muß die Stunde einmal schlagen, in der er vergessen haben wird, wie innig er auch auf andere Weise mit seinem Gott verkehren kann. Hören wir Paulus:

> *„Warum soll ich mich schmähen lassen wegen etwas, wofür ich Dank sage? Ob ihr also eßt oder trinkt oder etwas anderes tut, tut alles zur Verherrlichung Gottes."*
>
> (I Korinther 10,30–31)

Zwei Lebensweisen, zwei Spiritualitäten, zwei Wege, die sich ergänzen, und beide sind für das globale Leben der Menschheit notwendig. Die eine ist die SPIRITUALITÄT DER INKARNATION oder der starken Lebensfreude, die andere ist die SPIRITUALITÄT DER ERLÖSUNG oder der opfernden Weltentsagung. Die erste will Gott im Herzen der Welt ausfindig machen und ihn dort an Ort und Stelle aus ganzer Seele verherrlichen, in der hohen Geisteshaltung des Gotteslobs und der Danksagung; die andere entscheidet sich für den konsequenten Verzicht dargebotener Wohltaten in der tapferen Geisteshaltung freiwilligen Opferns und Dienens. Auch das ist selbstverständlich ein Weg, und er erklärt uns auch die Früchte des geistlichen Fastens.

Die Spiritualität, die uns heute von Teilhard de Chardin († 1955) angeraten wird, betrifft die erste Form: *„Nimm von der Welt alles entgegen, was Dir helfen könnte, Gott zu finden."* Teilhard war Jesuit, und das geistliche Leben der Jesuiten steht mit beiden Beinen fest am Boden unserer Weltwirklichkeit. Und weil es sich hier um die Spiritualität der Inkarnation handelt, vermag auch der Laie in ihr seinen Weg zu gehen, weshalb man die jesuitische Spiritualität eine Laienspiritualität genannt hat. Der Weg der Mönche und Wüstenväter ist dagegen die Abgeschiedenheit. In der koptisch-orthodoxen Kirche Ägyptens wird diese seit frühchristlicher Zeit und bis zur Stunde in tiefer Frömmigkeit gelebt – mit längsten Fastenzeiten! Die gesamte Mönchsspiritualität der Welt nahm auf unserer ägyptischen Erde mit dem heiligen Antonius ihren Anfang. Doch ohne den geistlichen Glanz einer Spiritualität der Selbstverleugnung bestreiten zu wollen und ohne ihre wesentliche Rolle als Etappe in jedem authentischen Ringen zu schmälern, möchte ich Sie doch auf den zweiten Weg und dessen vielseitige Möglichkeiten hinleiten, denn von ihm wird heute noch immer zu wenig gesprochen, die verneinende Haltung herrscht vor.

Teilhard de Chardin hat uns bereits vor mehreren Jahrzehnten eingeladen, die Messe draußen im Alltag zu feiern, eine Messe über der Welt, damit auch unsere Alltagsexistenz eine eucharistische Dimension bekommt. Erst dann könnte uns die Messe am Sonntag den Sinn unseres Daseins voll erschließen und unseren Lebensalltag heller, klarer und glücklicher machen. Zwischen Messe und Welt besteht eine aktive Wechselbeziehung, die noch nicht von allen Menschen erkannt wurde. Wie wollen Sie mit Gott kommunizieren, meine lieben Freunde, wenn Sie nicht zuvor mit der Welt kommuniziert haben? Und wie wollen Sie mit der Welt kommunizieren, wenn Sie nicht gleichzeitig mit Gott kommunizieren? Ich denke, wir sollten heute lernen, unser spirituelles Leben auf irdisches Tun und Denken existentiell auszuweiten, um es damit zu vertiefen. Es mögen Geschenke für unsere Seele sein, die uns neue Erkenntnisfelder öffnen, an die uns der Herr in Weisheit heranführt. Begreifen wir sie doch als ein Zeichen seiner liebenden Anwesenheit zur heutigen Stunde.

• DER KÜCHENDIENST, EINE PRIESTERLICHE FUNKTION

Beim stillen Beobachten einer Küchenschwester in Aktion, tief unten im alten Kellergewölbe ihrer Kairoer Klosterschule, wurde ich einmal inspiriert, ihr das folgende zu erklären.

> *„Da stehen Sie hier, liebe Schwester, bei Ihren Töpfen, Pfannen und Schüsseln und hinter Ihnen türmt sich der Berg frischen Gemüses vom Markt, und*

dort die Fische wollen geschuppt und zubereitet werden. Ist Ihnen dabei bewußt, daß Sie PRIESTERIN sind?... Indem Sie hier jahrein und jahraus an diesem großen Herd und an diesen Tischen hantieren, um alle Nahrungsprodukte umzuarbeiten, damit sie für den Tisch Ihres Hauses bekömmlich und schmackhaft werden, tun Sie ein HEILIGES VERWANDLUNGSWERK. Durch Sie wird sich der Elan Ihrer Mitschwestern erneuern, Sie sind es, die Ihre Ordensgemeinschaft innerlich eint durch das Mahl, das Sie bereiten. Ist Ihnen bewußt, daß Sie am Aufbau des LEIBES CHRISTI tatsächlich beteiligt sind? Sie sind Köchin, gewiß, aber tiefer gesehen sind Sie Ihrer Funktion nach gleichzeitig Priesterin."

Einige Zeit später gestand mir diese Ordensfrau, daß sich ihr mühevolles Alltagsleben durchschlagend positiv verändert habe, denn ihr sei im wahrsten Sinn ein Licht aufgegangen, und in diesem neuen Licht versucht sie zu leben und zu arbeiten. Ihre Erfahrung beschrieb sie mir etwa so:

„Ihre Worte sind mir Tag und Nacht durch den Kopf gegangen, und ich betrachte jetzt diese endlose Arbeit als ein priesterliches Tun, kaum anders als das des Priesters oben am Altar unserer Hauskapelle, nicht wahr? Das wollten Sie mir doch damit sagen? Ich verstehe, daß ich mit meinen Küchengeräten einen Weiheakt vollziehe und daß ich meine Arbeitsmesse beim Kochen feiern kann. Inzwischen habe ich gelernt, all das sehr bewußt zu tun, ja die Arbeit sogar liturgisch zu gestalten."

Eine Köchin versteht, daß sie alle Tage ein vielstündiges Opfer feiert. Doch nicht nur sie, weil sie eine geistliche Schwester ist, sondern alle Menschen lesen ihre Messen, alle sind Priester und Priesterinnen der Schöpfung in der verwandelnden Kraft ihrer persönlichen Arbeitsleistung. Mit dem Bestimmungswandel wird diese Arbeit wesensmäßig zum Weiheakt einer Transsubstantiation – mit diesem Begriff werden wir uns noch eingehend beschäftigen. Dasselbe gilt für die Schneiderin und alle Arbeiter und Handwerker, in deren Händen sich eine Wandlung vollzieht. Alle verwandeln die Natur, damit sie dem Menschen diene und ihn aufbaue. Ingenieure, Architekten, Maurer und Elektriker arbeiten nicht nur an Wohngebäuden, Fabriken und Schulen, sondern zugleich und vor allem am LEIB CHRISTI. Und das gilt für das Gesamttun der Menschheit. Miteinander und füreinander arbeiten wir an diesem Weiheopfer.

Dasselbe gilt für alle hier im Vortragssaal anwesenden Frauen und Mädchen. Bitte betreten Sie daheim Ihre Küche wie einen Tempel! Der Priester benutzt Kelch, Patene, Meßkännchen und andere Altargegenstände, Sie benutzen andere Dinge, um ein gutes Mahl zu bereiten und wie er Erdsubstanzen ins Geistige zu erheben. Betrachten Sie daher Ihre Geräte als heilige Instrumente, denn dank der Speisen wachsen Ihre geliebten Kinder heran und gestaltet sich Ihr Familienleben von innen her. Sie sind es, die wandeln und gestalten, denn Sie erlauben der Liebe, sich ständig zu erneuern und zu vertiefen. Im Herzen der Materie und des organischen Lebens liegen diese ungeheuren Möglichkeiten und Energien des Geistes versteckt, in ihnen liegt die Liebe verborgen.

Nichts Depremierenderes für die Hausfrau, Geschwindigkeit und Gedankenlosigkeit zu erleben, in der eine so mühselig und liebevoll zubereitete Mahlzeit verschlungen wird. Ich will Sie trösten: Nein! Auch bei einer gehetzten Mahlzeit ist nichts wirklich vorbei, sondern Sie haben etwas Ewiges gekocht! Dank Ihnen hat ein Verwandlungsgeschehen stattgefunden, eine bedeutungsvolle Metamorphose, denn jede Mahlzeit vereint uns und baut an etwas. Ihre Familie ist seitdem „mehr" geworden. Küche und Eßzimmer eines Hauses sind daher die Orte, an denen sich die Familiengemeinschaft als Grundfeste der Gesellschaft formt und stärkt und der Geist der Liebe freigesetzt wird.

Wir sprechen von der „heiligen Messe", bei der uns die „heilige Speise" gereicht wird. Das ist richtig, denn das Altargeschehen wandelt und heiligt, der Charakter einer augenscheinlich profanen Handlung offenbart sich als heilig, das angeblich blinde Bemühen einer Natur, Weizen und Trauben reifen zu lassen, führt der Mensch zur Krönung und Vollendung. Doch ebenso heilig ist die Arbeit eines Bäckers ab vier Uhr morgens, auch sie ist Opfer und Spende so wie alle Arbeit einer Hausfrau, aus tiefster Seele als monotone Sisyphus-Arbeit beklagt, Opfer und Spende ist; es ist heiliges Schaffen, weil sie die Welt durch jeden einzelnen Handgriff qualitativ verändert, d. h. zum Besseren wandelt. Auch die Hausfrau nimmt teil am strukturellen Aufbau des LEIBES CHRISTI, der wir alle sind.

• RÜCKKEHR DER SCHÖPFUNG ZU GOTT

In meinem Vortrag *„Gott im Zentrum der Materie"* habe ich gesagt, die Erde sei eine Fabrik, in der das Gottesreich entsteht, und habe meinen Hörern den Brief eines jungen ägyptischen Chemikers vorgelesen, der an seinem Labortisch zu dieser Erkennntnis gelangt war. Er hatte, wie die Küchenschwester des Kairoer Klosters, verstanden, daß seine pharmazeutische Verwandlungsarbeit priesterliches Tun ist. Seitdem lebt er, aufrechtstehend wie der Priester am Altar, in der Laborküche seines Berufsalltags, eine EXISTENZRELIGION. Indem er aus mineralischen Grundstoffen Medikamente und Vitamine bereitet für Tausende und die Menschen damit zu erneutem oder verstärktem Denken befähigt, befähigt er die Menschheit auch zur Vermehrung der Liebe auf dieser Erde. Für diesen Wissenschaftler laufen nicht mehr zwei verschiedene Leben nebeneinander her, ein angespanntes intellektuelles Arbeitsleben und ein vollkommen anderes, ein religiöses Leben, sondern nur ein geeintes Leben. Seine Berufsarbeit ist ihm zum Gebet geworden, und sein Gebet ist seine Arbeit selbst. Er wurde sich klar über den Sinn seines Lebens und über seine Mission: *„Ich bin unterschiedslos in einer Person beides – Chemiker und Priester der Schöpfung."*

Unsere Schöpfung sehnt sich nach Höherentwicklung und

Humanisierung, sie möchte Teil am Menschen haben, weil sie nach Vergeistigung strebt. Und durch seine tausendfältigen Verwandlungsakte beschenkt der Mensch sie mit einer neuen Dimension ihres Seins. Im Falle der Küchenschwester und des Chemikers überschreitet die mineralische Entwicklung die Schwelle direkt zur Menschheitsstufe, wobei die im Mineral angelegte Sehnsucht durch den Menschen Erfüllung findet. Im Licht der Verwandlungsarbeit, die durch den Menschen ins Geistige mündet, erfährt die geschaffene Welt eine neue Bedeutung. Mensch und Schöpfung dienen einander. Denn in dem Maß, in dem ich mich mit und mittels der Schöpfung im Verlauf meines Lebens mehr und mehr vergeistige, helfe ich gleichzeitig der Schöpfung, zu ihrer Quelle zurückzufinden, wobei ich meine priesterliche Berufung als Mensch verwirkliche. Geweiht von Gott schon vor meiner Geburt, als Mann oder Frau dieser Erde, bin ich Priester oder Priesterin. Wenn Paulus sagt, daß uns ALLES gehöre, dann erklärt er uns auch, wem wir dabei angehören. Das folgende Pauluswort müssen wir unbedingt als Ganzes nehmen und dürfen den letzten Teil nicht verschlucken:

> *„Denn alles gehört euch, Welt, Leben, Tod, Gegenwart und Zukunft, alles gehört euch. Ihr aber gehört Christus an, und Christus gehört Gott."*
>
> (I Korinther 3,22–23)

Um diese überragende Rolle des Menschen wirklich zu verstehen, muß ich in das grandiose Schöpfungsgeschehen eintauchen und seine Bewegungstendenz spüren und erkennen wollen, erkennen, wie die Schöpfung mit allen Kräften an ihren Ursprungsort zurückdrängt. Eintauchen durch Kontemplation, Meditation, Gebet. Und dieses LIEBESGEBET sollte schließlich mit meinem eigenen Schöpfungsakt zusammenfallen, der mich in diesem Augenblick ins Sein ruft. Mit anderen Worten, das tiefste Gebet ist ein Ausstrecken des Menschen bis hin an seine Quelle, aus der er stammt, und solange dort verharrend, bis er den Gotteskuß empfängt, der seine Existenz neu begründet.

Auch der Koran verkündet diesen zweifachen Strom, das

Hervorbrechen der Schöpfung aus Allah und ihr gezielter Lauf zu ihm zurück. Hören wir aus den Suren Al-Bakarah (2) und Lokman (31)

> *„Inna min Allahi wa inna ilayhi rajihun." (2/157)*
> *(Wir gehören Allah und kehren zu ihm zurück)*

> *„Man yachkur fa-innama yachkuru li-nafsihi"*
> *(Wer dankbar ist, der ist es zu seinem eigenen Seelenheil) (31/13)*

Wahrscheinlich wissen es alle Religionen, in der Dankbarkeit vollzieht sich diese Rückkehr zu Gott, sie ist es, die die Schöpfung heimlenkt, weil jedes Dankgebet ein Beweis dafür ist, daß die menschliche Existenz als ein Gottesgeschenk erkannt und gewürdigt wird. Auch Sie erwarten Dank für ein Geschenk, nicht wahr? Bleibt er aus, dann sagen Sie: *„Hier stimmt etwas nicht."* Und ich komme wieder zur eucharistischen Dimension unserer Tagesmahlzeiten: Immer hat man gesagt, das Tischgebet sei etwas Selbstverständliches, und gegen diese Geste ist keineswegs etwas einzuwenden, auch Christus *„nahm das Brot, sprach das Dankgebet, brach es"*. Vielleicht werden die Menschen aber einmal dorthin reifen, den gesamten Gang der Mahlzeit zu einem stillen, innerpersönlichen Dankgebet werden zu lassen und sie im eigenen Herzen zu feiern wie eine Eucharistie. Das wünschte ich mir, denn so erfahre ich es selbst und habe deshalb nicht unbedingt das Bedürfnis, davor oder danach noch ein Tischgebet aufzusagen. Der Akt des Essens wird mir zum Lob- und Dankgebet, so wie man die Eucharistie das Lob- und Dankopfer nennt, wörtlich eine EUCHARISTIA (griechisch „Danksagung"); und sie ist keineswegs nur ein Stück christliche Kultur, sondern etwas Umfassenderes.

Aufrecht vor Gott stehen! Das ist bereits eine Dankesbezeugung. Vor einigen Tagen zog es mich am frühen Morgen in unsere Faggalah-Kirche in Kairo zum Beten, und dort sah ich ein Kind aufrecht vor Gott stehen. Mutterseelenallein in dieser großen Kirche stand es dort mit ausgebreiteten Ärmchen vor dem Altar... Es hat mich ergriffen. Ein kleiner Schulbub steht vor seinem Schöpfer und vertraut ihm seine Probleme an, vielleicht die schulischen, vielleicht familiäre Probleme. Und seine Gebetshaltung möchte ich Ihnen, meine lieben Freunde, auch empfehlen, ich halte sie für sehr wichtig, wir sollten uns darin üben, aufrecht vor Gott hinzutreten, mit erhobenen Armen wie dieses Kind – zugänglich für Gott.

Und dann legen wir in unsere Handflächen den begonnenen oder den sich neigenden Tag. Doch erweitern wir unser Selbstinteresse nach außen, legen wir die Welt hinein und reichen Sie Gott dar, lassen wir alle Menschen segnen! Himmel und Erde, Pflanzen und Tiere, Länder, Städte und Dörfer, Arbeiter, Bauern und Angestellte, Beamte, Lehrer und Ärzte, Manager und Hausfrauen, Schüler und Studenten und alle Menschen in dienstleistenden Berufen – lassen wir sie segnen und weihen! Stellen wir sie uns vor, diese sich abplagende Arbeitswelt, in der der Einzelne vielfach nicht mehr weiß warum und wofür. Er fragt nach dem Sinn und kann ihn nicht finden. Wir Gläubigen und Erkennenden haben diese Menschen mitzutragen, wir haben den heiligen Auftrag, diese arbeitende Welt aufzuheben und sie Gott in unserem Gebet zuzuführen, wobei alle Existenz ihren Sinn erhält. Aufrecht vor Gott erhebt auch der Priester die Arme, so begrüßt er seine Gemeinde, so spricht er das Tagesgebet am Altar, so spricht er das Opfergebet. Aufrecht vor Gott...

• DIE SCHWERE HOSTIE

Meine lieben Freunde, wir nähern uns dem Ende unseres ersten Exerzitientages. Bleiben wir in unserer Vorstellung in der Nähe des Altars, und erleben wir den handelnden Priester, wenn er diese zarte Hostie beim eucharistischen Opfer zum Herrn erhebt, denn dann erhebt er mit ihr die gesamte Lebenskraft der Welt – CHRISTUS. Dieser wundersame, unüberwindliche Lebenskeim hat sich durch unfaßbare Zeiträume hindurchgerettet, hat sich unaufhaltsam ausgebreitet und sehr kühn verzweigt, er hat sich hinaufgerankt zu immer komplexeren Stufen und zu immer höheren und reicheren Wesen entwickelt, sodaß die Erde eines Tages den Menschen besaß – in seinen Händen haltend die Ähre und die Traube...

Dieses Korn und diese Beere repräsentieren die gesamte Arbeitsleistung unserer anorganischen Erde und die Geburt des ersten organischen Lebens. Wenn wir am Altar bei der Opferbereitung von den *„Früchten der Erde"* sprechen, dann sollten wir gelegentlich in Ehrfurcht den unfaßbaren Zeitlauf bedenken, den diese beiden Früchte, das Brot und der Wein, zu ihrer Bildung nötig hatten. Wenn der Priester dieses Brot erhebt, dann weiht und heiligt er die geheimnisvoll anonyme Arbeit unserer Erde. Und er weiht zugleich das Wasser der Meere und Wolken, das mit der Erde für dieses Wachstum zusammenwirkte. Viel war notwendig gewesen, um diese Ähre auszureifen! Es hatte wahrlich einer Ehe bedurft zwischen dem kosmischen Licht und den erstaunlichen Vorgängen im Innern der regenfeuchten Erde. Ja, der Kosmos war beteiligt und ist jetzt enthalten in diesem Brot, in diesem Wein. Schwer werden sie dann, diese Hostie und dieser Kelch, denn die gesamte Natur ist mit einbezogen in dieses Heilsgeschehen, auch sie ist gegenwärtig im eucharistischen Opfer.

Schwer, sehr schwer wird sie dann, diese kleine Hostie, schwer vom Gewicht unserer Erde mit ihren Gebirgsmassiven und fruchttragenden Ebenen, mit ihren Strömen und Flüssen, Seen und Ozeanen. Und noch schwerer wird sie durch ihren Gehalt an Sonnen und Planeten in unbegreiflicher Zahl durch die Totalität aller Galaxien des Universums. Dann spricht der Priester mit feierlich erhobener Opferschale leise das Brotgebet:

> *„Gepriesen bist Du, Herr unser Gott, Schöpfer der Welt. Du schenkst uns das Brot, die Frucht der Erde und der menschlichen Arbeit. Wir bringen dieses Brot vor Dein Angesicht, damit es uns das Brot des Lebens werde."*

Herr, in diesem Opfer weihen wir Dir unseren Globus, dargestellt in dieser kleinen, kreisrunden Hostie. Und wir reichen Dir die Natur in diesem Kelch, gefüllt vom Saft der Erde. Weizenbrot und Traubenwein sind uns seit altersher vertraute Nahrung, und wir verstehen, weshalb Christus sie als Träger der Gottesgegenwart ausgewählt und zum Sakrament bestimmt hat. Sie gelten als Zeichen für alle irdische Nahrung des Menschen, die wiederum die gesamte Schöpfung symbolisiert, hinstrebend ins Geistige und sich im Menschen vollendend. Jetzt geben diese Altargaben das unendliche Geheimnis ihrer Integration in Christus preis. Sie haben die Konsekrationsworte des Priesters aufgenommen und reichen sie an die Schöpfung weiter. Und wenn an den Altären der Welt *„vom Sonnenaufgang bis zu ihrem Untergang"* diese Worte der Wandlung gesprochen werden, dann werden sie über dem Planeten Erde gesprochen – und über dem Universum.

• EINSWERDUNG

Es ist Sommerzeit, meine lieben Freunde. Sie werden sich jetzt ausgiebig an den weiten, weißen Stränden im Norden unseres Landes aufhalten und Ihre Freizeit genießen. Wo ist der Himmel so blau und rein wie über Alexandria? Werden Sie dabei an die Kommunion mit dem Universum denken, die in Christus möglich geworden ist? Wer von Ihnen bewußt mit der Natur Verbindung eingeht, kommuniziert mit Christus, der Seele des Universums.

Dieses heftige Verlangen, Gemeinschaft zu haben mit allem Lebendigen, in dem sich der Mensch zu besonderen Zeiten verzehrt, ist kein verstiegener Traum, sondern ein notwendiger innerer Anruf, der uns zur Fülle des Lebens hinleiten will – findbar in Christus! Es ist ein Appell, der uns unseren Auftrag spürbar macht, wirklich teilzunehmen an der Gemeinschaft des Seins. Und wenn Sie während der Ferien an einer Meßfeier teilnehmen, dann verbinden Sie sich mit dem zelebrierenden Priester, wenn er das Brot und den Wein erhebt und Gott darreicht. Dann bringen Sie mit ihm Ihren Ferienplatz dar, diese starke Sommernatur, mit der Sie sich in diesen Monaten in besonderer Freude verbunden wissen. Das alles ist DER LEIB CHRISTI. Ich möchte sagen, je „materialistischer" cin Mensch wird, im echten, im besten Sinn des Wortes, im Sinn der Inkarnation, umso besser wird er sich die Materie als einen königlichen Weg zu Gott nutzbar machen. So meinte es gewiß Jesus, als er diejenigen, *„die reinen Herzens sind"*, in der Bergpredigt selig pries, weil sie *„Gott schauen werden"* (Markus 5,8), ja, sie verstehen es, durch die Materie hindurchzuschauen.

Wenn Gott reine Liebe ist, was uns das johanneische Schrifttum immer wieder bestätigt, dann ist ausnahmslos jede Nahrung, die in Liebe und Freundschaft miteinander geteilt wird, Kommunion mit diesem Gott der Liebe und deshalb ein heiliges Tun. *„Das ist mein Leib"* bedeutet: Jedes Mal, wenn Sie dieses Brot zu sich nehmen, nicht nur sonntags während der Eucharistiefeier, sondern auch im Ferien-Restaurant, am Straßenrand bei einer Kilometerpause oder aus einem lustigen Picknickkorb am Strand, dann ist das der Leib desjenigen, der unsere Vorstellungen über ihn grenzenlos übersteigt und immer übersteigen wird. Es ist der Leib desjenigen, der Räume und Zeiten sprengt, aber zugleich alles in sich verdichtet. Es ist der Leib desjenigen, der von sich gesagt hat, er sei der LEBENDIGE. Johannes durfte ihn gegen Ende seines Lebens noch einmal in mystischer Schau erleben und ihn *„wie von einem Throne"* sprechen hören:

> *„Ich bin das Alpha und das Omega, der Erste und der Letzte, der Anfang und das Ende."*
>
> (Offenbarung 22,13)

Und doch ist er der ganz Nahe! Wenn die Beduinenkinder herangesprungen kommen und mit viel Geschrei an Ihre Strandhäuser pochen, um Ihnen selbstgeerntete, frische Feigen und frisches Beduinenbrot zu verkaufen, dann nehmen Sie das gern entgegen! In diesen Feigen und in diesem Brot, das Sie dann zu sich nehmen werden, ist mehr enthalten als eine bestimmte Anzahl von Elementen, einzeln isolierbar und lebensmittelchemisch bestimmbar, nämlich etwas sehr viel Größeres: GOTT SELBST vereinigt sich mit dem Menschen. *„Das ist mein Leib"*, diese Christusworte zeigen an, daß seit der Einsetzung der Eucharistie mit dieser Nahrung alle Nahrung ein Mittel und ein Weg zu ihm geworden sind. Der Unfaßbare machte sich faßbar, bis in sein konkretes, biologisches, sinnliches Leben will er den Menschen erreichen. Dort will er eins mit ihm werden.

Ihre Kommunion mit diesen Produkten der Erde und mit dem Meer, das darauf wartet, Sie aufnehmen zu können in all Ihrer Sinnenlust und Herzensfreude, das ist Ihre Kommunion mit dem Leben in seiner Fülle, und es ist Ihre Kommunion mit Christus, mit dem Leib und dem Blut unserer Erde.

Meine Kommunion mit allen Menschen der Erde

Meine lieben Freunde, warum beeindruckt der Begriff des Himmels als Zustand oder Aufenthaltsort nur so wenige von uns? Warum gilt der verheißenen Zukunft *„Du wirst in den Himmel eingehen!“* der spontane Widerspruch:

> *„Nur nicht daran denken! Mir gefällt das Erdenleben ausgezeichnet, und ich würde gerne bleiben, wo ich bin.“*

Die Perspektive eines ewigen Himmelglücks, das dem Menschen jenseits seines Grabes versprochen wird, hat offensichtlich deshalb nur wenig Anziehung, weil man uns diese Vision als eine Art Bühnenbild präsentiert, in dessen Mitte der Schöpfergott thront und wir ihm in seliger Anbetung gegenüberstehen – allein! Man sagt Dir:

> *„In dieser Wohnstätte des Friedens wirst Du, zur Unsterblichkeit erwacht, Deine Ewigkeit damit verbringen, Gott zu betrachten“,*

und Du reagierst negativ und fragst:

> *„Und das soll mich über Jahrmilliarden niemals langweilen? Ich war doch ein Leben der Abwechslungen gewöhnt. Diese Umstellung schaffe ich nicht!“*

Daraufhin will man Dich über eine ganz andere Glücksqualität informieren:

„Gott wird Dir zu Deiner höchsten Glückseligkeit Dein Herz vollkommen ausfüllen, denn Du wirst Dich mit ihm vereinen."

Meine lieben Freunde, ich zweifle, ob das die höchste Glückseligkeit des Menschen ausmachen würde, ich denke eher, daß eine solche Interpretation des Zukünftigen bei Gott und mit Gott falsch ist, weil ein solches Glück das menschliche Herz nicht vollkommen ausfüllen könnte. Gott möge mir bitte diese Blasphemie vergeben. Doch sollten wir uns den Himmel nicht als ein ausschließliches Erleben der persönlichen Gottesnähe denken, denn es würde dem Menschen, der seinem Wesen nach auf Gemeinschaft hin geschaffen wurde, wahrscheinlich nicht ausreichen, um in der einen und stillen Anbetung seine letzte Erfüllung zu finden, so wunderbar und tief beglückend die Gottesnähe auch empfunden wird. Nein, einen Himmel ohne Sie, meine lieben Freunde, kann ich mir nicht vorstellen und will ich mir nicht vorstellen. Ich möchte neben meinen Eltern und Geschwistern auch Sie alle dort umarmen dürfen, damit mein Glück vollständig sei, ich möchte Sie bei mir haben, ja sogar in mir haben! Die selige Gotteskontemplation, an die ich selbstverständlich gern glaube und die ich erwarte, wäre für mich noch nicht das Vollkommene, wenn ich meine menschlichen Schwestern und Brüder vermissen müßte, denn ich möchte mein Gottesleben mit ihnen teilen.

• MEIN HIMMEL OHNE DIE ANDERN WÄRE KEIN HIMMEL

Meine Freunde, ich gestehe Ihnen, daß ich Sie brauche und überzeitlich brauche. Nein, mein Glück wäre nicht vollendet, wenn nicht auch Sie, die ich in diesem Leben gekannt habe und diejenigen, die in irgendeiner Weise mein Leben tangiert haben, obwohl ich sie nicht persönlich kennenlernen konnte, bei diesem unvorstellbar großen Ewigkeitserlebnis anwesend wären. Ich fühle, daß das Himmelsglück etwas hochgradig Lebendiges und unsagbar Intensives werden wird, denn schon jetzt läßt uns der Herr die vielfach gesteigerte Freude in der Gemeinschaft erfahren. Freude wird empfunden im Familienkreis, und wenn die Familie wächst, dann wächst mit ihr das Maß der Freude. Freude schwingt in jedem Gruppenleben und in Tausenden von beliebten Clubs, die man deshalb eifrig gründet; Freude überall bei Sport und Spiel. Diese positive Gemeinschaftserfahrung ist schon ein Herausleuchten aus einer Himmelsecke, sie gibt uns einen Vorgeschmack dessen, was uns alle in der Fülle und Überfülle erwartet.

Noch einmal bitte ich den Herrn, er möge mir vergeben, doch weiß er wohl, daß ich es deshalb sage, weil zu viele Menschen Himmelsbefürchtungen hegen. Darum jagen sie ihr eigenes Leben unter dem Glücksmotto JETZT ODER NIE und versuchen in pausenloser Anstrengung das Optimale aus ihrem „kurzen Dasein" herauszuholen. Und so taumeln sie dahin in einem bunten Spektrum genüßlicher Abwechslungen, die sie IN DER GEMEINSCHAFT zur Erlebnisverstärkung kreieren. Ich sage gewiß nur das, was die meisten denken, es aber nicht zu hinterfragen wagen, nicht einmal gegenüber einem Priester beim geistlichen Gespräch.

Der „alte Himmel", der uns versprochen, um nicht zu sagen, verordnet wurde, ist von erschreckender Lebensferne geprägt. Das, was uns da angeblich erwartet, scheint uns eine endlose Dauer zu sein, starr in sich selbst, sodaß echte Existenzfreude schwer vorstellbar ist. Wie soll dieses Bild Anziehung auf das empfindsame Herz und den aktiven Geist des Menschen haben? Wie? Wie soll uns selbst die Herrlichkeit der Herrlichkeiten, erfahren in der totalen menschlichen Einsamkeit, jemals frohmachen können? Ist uns denn der Widerspruch zur Verkündigung noch nicht aufgegangen, denn es heißt doch, der Himmel sei LIEBE! Und hier hören wir den höchsten Glücksbegriff aus der Menschenwelt! Wir denken an jene Stunden, die zwei Menschen gelegentlich miteinander haben dürfen, in denen sie Zärtlichkeiten austauschen und einander tief verstehen, Stunden, die sie erquicken und von grundauf neugestalten, wobei sie sich verjüngen. Dann sagen sie, sie fühlten sich *„wie im Himmel"*, nicht wahr? Zweifellos ist ein solcher Höhepunkt eine himmlische Erfahrung, etwas Himmlisches geschieht, in diesem Erlebnis tut sich ihnen der Himmel auf. Liebende sind diesem Zukunftsreich der reinen Liebe immer am nächsten.

Ich möchte Sie von Herzen beruhigen: Der Himmel wird für uns alle ein strahlendes und quicklebendiges Fest werden, bei dem wir miteinander jubeln und singen, lachen, springen und tanzen werden in der unversiegbaren Freude unserer Gemeinschaft, denn

„Gott ist ein Gott von Lebenden,
für ihn sind alle lebendig."

(Lukas 20,38)

Und er ist ein Gott der Freude! Aus diesem Grund hat Christus uns das kommende Reich durch den Festvergleich veranschaulicht, doch nahm er nicht irgendein Fest, sondern gleich das Fest der Feste, das Fest der Superlative – ein Hochzeitsfest! Und deshalb dürfen wir auf all unseren schwungvollen Parties, beim ausgelassenen Karneval oder bei harmonischen Gruppenausflügen und ähnlichem mehr denken: Der Himmel wird nicht weniger sein als das! Vor allem wird unser Zustand der Vollendung auf einer höheren Seinsebene unaussprechlich vertieft erfahren werden, weshalb er, wie das Erleben der Mystik, nach heutigen Begriffen unaussprechlich ist. Nicht einmal Christus konnte für die himmlische Fülle in dieser heutigen Dimension eine Sprache finden und behalf sich mit dem Hinweis:

„Was kein Auge gesehen und was kein Ohr gehört,
und was in keines Menschen Herz gedrungen ist,
das hat Gott für die bereitet, die ihn lieben."

(I Korinther 2,9)

Aber auch von der Messe heißt es, sie sei ein Abbild des Gottesreiches, also sollte auch sie der Ausdruck dieses Himmelsfestes sein, bei dem wir untereinander unseren Beitrag zur Glückseligkeit des andern leisten. Nein, meine lieben Freunde, Sie werden Gott ganz gewiß nicht einsam meditierend gegenüberstehen. Der Himmel wird für uns alle ein inniges Miteinander werden, die Vollendung des einen im andern und durch den andern, und wir werden die gemeinsame Erfahrung jener nie endenden Freude machen, daß wir alle EINS geworden sind. Wenn wir dieses leuchtende Bild als unsere Zukunftsvision im Herzen tragen, dann wird uns auch die Messe zum Sakrament des Himmels und zum Zeichen dieser umfassenden Kommunion aller menschlichen Wesen. In dieser Weise möchte ich Ihnen das Wunderbare unserer Messe nahebringen. Wir haben sie bereits als Kommunion mit dem Universum und als mystischen Akt verstanden, nun beschäftigt uns der Aspekt der Kommunion mit unseren Geschwistern, mit Schwester und Bruder Mensch. Wie in den Stunden der Liebe so erleben wir auch in der Meßgemeinschaft *„den Himmel auf Erden"*. Beschäftigen wir uns in diesem Zusammenhang mit der geistigen Dimension der menschlichen Liebesvereinigung.

• DIE EUCHARISTIE UND DIE MENSCHLICHE LIEBE

Die sexuelle Vereinigung von Mann und Frau ist von starker Symbolkraft, weil sie das Zeichen eines sehr viel tiefer reichenden Geschehens ist, komplexer und umfassender als die meisten es wahrhaben. Bei dieser Vereinigung geht es um das CHRISTUSMYSTERIUM, in das wir auch während jeder Eucharistiefeier hineingenommen werden. Wenn wir Geschehen und Bedeutung der Eucharistie noch nicht verstanden haben, dann wird uns auch das Wesen der menschlichen Liebe unerforschlich bleiben – und umgekehrt: Solange uns noch Liebesprobleme zu schaffen machen, solange werden wir Schwierigkeiten mit dem eucharistischen Verständnis unserer Messe haben. Wer glaubt, Sinn und Ziel der Eucharistie theologisch genau verstanden zu haben, dabei aber die menschliche Liebe in all ihrer Vielschichtigkeit und Bedeutungstiefe noch nicht erfaßt hat und sie aufgrund seines Nichtbegreifens entwürdigt, riskiert folgenreiche Mißverständnisse.

Wir sind menschliche Hälften, die nach ihrer „besseren Hälfte" suchen, um sich im andern zu vollenden. Da es unsere

Bestimmung ist, sexuelle Wesen zu sein, so müssen wir akzeptieren, daß wir ergänzungsbedürftig sind, voller Verlangen nach endgültiger Harmonie und Vollkommenheit. Wir sehnen uns nach Wiederherstellung der auseinandergebrochenen Ur-Einheit. Aus diesem Grund ist die Sexualität nichts Unwesentliches, nichts Sekundäres, sie ist kein Randproblem der menschlichen Existenz, sondern im Gegenteil, sie ist ihr Kernproblem. Ein Seelsorger weiß darum, der Mensch sucht ein Leben lang die Begegnung mit dem andern, weil er glaubt, daß er durch ihn seine persönliche Wachstumsfülle erreichen würde. Deshalb gibt es nichts Tiefergehendes in der Biographie eines Menschen als seine Lieberserfahrung. Wohlverstanden in der echten Beziehung im vollen, integralen Sinn, die bis in den letzten Herzenswinkel durchlebt und vielleicht durchlitten wurde.

Wer der menschlichen Liebe diesen Totalanspruch nicht zugesteht und damit ihre volle Dimension verkennt, wird sie zwangsläufig verraten, und das ist leider bei den meisten zeitgenössischen Wissenschaftsanalysen über menschliches Sexualverhalten der Fall, weil sie sich in den physischen, physiologischen oder psychologischen Aspekten erschöpfen. Die geistige Dimension der Sexualität bleibt unerwähnt, und damit wird die Liebesbegegnung veräußerlicht und ihres Sinnes beraubt. Ein Jugendlicher wird nichts Wesentliches begreifen, wenn die sexuelle Aufklärung das Liebesgeheimnis nicht in seiner ganzen Fülle umfaßt. Wie soll er eines Tages verstehen, was ihm Großes widerfährt und was sich in seinem Innern vollzieht? Weil die Liebe das für den Menschen am stärksten Erfahrbare ist, muß die Sexualität dem gesamtmenschlichen Mysterium gerecht werden.

Die Eucharistie offenbart uns, daß die Liebesbegegnung unter uns Menschen zugleich eine Begegnung mit Gott ist, und daß der Ehebund Zeichen und Sakrament einer ihn überragenden Ordnung bedeutet, der seinen vollkommensten Ausdruck in der Eucharistie findet. Die menschlichen Liebe hat eine übernatürliche Dimension, eine göttliche Dimension, eine heilige Dimension! Wenn die Liebespartner in ihre Umarmung nicht das Gottesmysterium mit hineinzunehmen verstehen und es tatsächlich in ihrer Wesensmitte anwesend spüren, dann werden sie an Größe und Bedeutung dieser Stunde vorbeileben. Wie soll ihre Liebe zur vollen Blüte kommen? Solange nicht jeder Liebesakt eine Eucharistie ist, und solange nicht jede Eucharistie die Dimension der menschlichen Liebe miteinbezieht, solange werden sich diese beiden Mysterien nicht vereinen können. Das aber müssen sie, weil sie wesenhaft ein- und dasselbe sind.

Wir müssen uns noch näher an das wirklich Wesentliche herantasten und versuchen, das Innerste zu erreichen, den Geist. Ich sage versuchen, weil es wohl keinen Menschen gibt und jemals geben wird, der das Mysterium der menschlichen Liebe voll ausschöpfen könnte, denn ihr Weg führt, ihrem Wesen entsprechend, ins Unendliche, und sie selbst ist dieser Weg. Wird aber das Herz des Unendlichen, Gott, anwesend in diesem Geschehen, nicht geahnt, dann wird dieser Beziehung früher oder später ihre Blüte genommen werden, da sie sich selbst entheiligt. Dann werden zwei Menschen Zeuge, wie ihre Liebe von innen her langsam ihr Leben verliert; wenn die beiden in ihrer Umarmung nicht wissen, daß sie von etwas noch Größerem berührt werden, dann muß ihre Liebe jenseits allen Begreifens irgendwo in äußeren Zonen ihres Menschseins verblassen. Auf welcher geistigen Höhe steht dagegen eine Vereinigung, wenn die Partner sich dieser Ewigkeitsstunde bewußt sind und das Göttliche fühlen, wenn sie spüren, wie sie jetzt ins Gottesreich eingehen, jetzt!... Die Volkssprache weiß es: *„Das ist der Himmel auf Erden!"* Ja, bis in ihre erotisch-leibliche Dimension hinein ist die Begegnung von Mann und Frau das Zeichen für etwas noch Größeres und Letztgültiges, zu dem der Mensch seit seiner Schöpfungsstunde berufen ist und das er eines Tages in der Vollendung leben wird.

In demselben unendlichen Respekt, in dem der Priester am Altar den Leib Christi berührt, sollten sich auch Mann und Frau berühren und vereinigen. Das Liebesmysterium offenbart seinen Wert nur dann, wenn ihm in derselben Ehrfurcht und in demselben Schauder begegnet wird, in dem wir dem Herrn bei der Eucharistie begegnen.

• TRIEBE UND KANNIBALISMUS

Kommunizieren heißt, zwei Wesen übertragen sich gegenseitig ihre Werte und verbinden sich so innig, daß sie schließlich eins werden. Dieses Streben nach Einswerdung ist in uns angelegt, man nennt es einmal den Sexualtrieb, ein anderes Mal den Sozialtrieb. Der eine wie der andere drückt die zweifache Dimension dieses inneren Drängens aus. Der Sexualtrieb bezeugt den intimen und exklusiven Charakter einer Beziehung, gründend im Leib und wurzelnd im Fleisch, während der Sozialtrieb die universelle Dimension des Menschseins bezeugt. Wenn die Eucharistie zugleich die symbolische und sakramentale „Demonstration" der Liebe ist, dann wird man auch in ihr diese zweifache Dimension erkennen können. Um den ungeheuren Wert der Eucharistie zu ermessen, sollten wir uns noch einmal mit dem Verhältnis von Mann und Frau beschäftigen, mit ihrem Verlangen nach intimer Vertrautheit und vor allem nach Dauer.

Der höchste Flugtraum einer jeden echten Liebe ist die Vereinigung auf beiden Ebenen gleichzeitig, auf der körperlichen wie auf der seelisch-geistigen Ebene, weil nach der „vollkommenen Umarmung" verlangt wird, nach dem distanzlosen, ewigen Zusammensein. Das Drama der menschlichen Liebe kündet aber von der Unerfüllbarkeit dieses tiefsten Wunsches, die Partner spüren, daß ihre Verbindung zu einem gewissen Grade unvollständig bleibt, gezeichnet von der Vergänglichkeit. Somit tragen sie schmerzlich an einer Wunde.

Was erträumt sich daher eine sexuelle Vereinigung? Sie ist ein Einschmelzungsversuch der Partner, der die vollkommene Einheit bringen soll. Jede Geste drückt diesen heftigen Wunsch aus wie ein Signal: Das Unverhülltsein der Partner zeigt gleich zu Beginn die Absage an alle äußeren Hindernisse, denn beide ersehnen in ihrer Entblößung nichts anderes als reine Transparenz im Ur-Vertrauen gegeneinander. Die Umschlingung der Glieder, dieses bis zu Stunden anhaltende Ineinanderflechten, zeugt von dem Willen, den andern in sein „Allerheiligstes" hineinzunehmen, um ihn dort für immer zu bewahren. Nichts anderes hat der Sexualakt im Sinn als die gegenseitige Integration des geliebten Wesens. Zeigt nicht schon der Kuß, dieses heiße, aber scheiternde Begehren, den andern auszutrinken, um ihn sich für die Ewigkeit zueigen zu machen?... *„Und die beiden werden dann zu einem Fleische?"*

Was ich hier sage, hat nichts Phantastisches, sondern es stimmt mit dem überein, was uns die jüngsten Studien auf den Gebieten der Anthropologie, der Psychologie und der Psychoanalyse vorgelegt haben. Tatsächlich ist eine drängende Sehnsucht nach gegenseitiger Einverleibung in den Tiefenschichten menschlichen Liebesbedürfnisses anwesend, und wir wissen ja, daß der Kannibalismus diesem Wunsch buchstäblich nachkommt. Aber auch in der „Zivilisation" gerät ein Mann ins Schwärmen von einem Mädchen, wobei er behauptet, es sei zum *„Anbeißen, zum Auffressen, zum Verschlingen"*, worüber kein Zuhörer verwundert ist; keineswegs handelt es sich hier um eine bedeutungslose Redensart. Ich gebe Ihnen ein schockierendes Beispiel, eine wahre Begebenheit an einem Tag in Kairo...

Ein junger Schwarzafrikaner hatte die Nacht mit seinem Mädchen im Nil-Hilton-Hotel verbracht, und am nächsten Morgen hat er das über alle Maßen geliebte Geschöpf zum Frühstück verspeist. Dieser schreckliche Vorfall erscheint uns absurd, wahnsinnig, krank, und er ist es auch, andererseits aber war dieser Wahnsinnsakt das folgenschwere Ergebnis seiner nächtlichen Erfahrung und die Verwirklichung seines liebestollen Verlangens. Im Grunde war dieser Mann logisch mit sich selbst, eine physische Trennung kam für ihn nicht mehr in Frage, er mußte das Mädchen jetzt für alle Zeit mit sich herumtragen, also mußte es eins mit ihm werden, eins mit seinem Leib, eins mit seinem Blut – *„und die beiden werden dann zu einem Fleische"*.

Der Kannibalismus fand niemals eine andere Erklärung und hatte nie einen anderen Sinn als das Einverleibenwollen eines Menschen mit Leib und Seele als einen endgültigen, unwiderruflichen Akt. Freilich scheitert diese Wunschidee durch das Auslöschen des andern. Ich verleibe ihn mir ein, doch dabei verschwindet er als eigenständige Person aus dieser Welt. Danach kann ich mich nicht an der erträumten Einheit mit ihm erfreuen, denn es gibt nur noch mich allein. Die Integration eines anderen Menschen bedeutet zugleich seine Beseitigung und Vernichtung. Da aber nichts Sinnloses existiert und alles eine Botschaft bereithält, und da dieser Wahnsinnsgedanke wirklich lebendig ist, stark und aktiv, so müßte er auch auf irgendeine Weise erfüllbar sein. Das Unbedingte dieser Suche kann nicht als purer Unsinn abgetan werden. Und hier werden wir zur tiefenpsychologischen Idee und zum geistigen Ziel der Eucharistie gelenkt:

„Es trinke, wer an mich glaubt!"

(Johannes 7,37)

Dazu noch eine andere Begebenheit: Der Jesuitenpater Jean de Bréboeuf, der im 17. Jahrhundert durch die Irokesen-Indianer nach einem Aufgebot unvorstellbarer Folterakte den Tod erlitt, ließ dieses Martyrium wortlos über sich ergehen, in einer übernatürlichen Geisteshaltung ergab er sich in seine Todesschmerzen. Die Indianer waren verblüfft, und, von staunender Bewunderung für dieses Maß an Seelenstärke gepackt, entrissen sie ihm das noch lebende Herz, teilten es sich untereinander und verschlangen diese „Kraft" auf der Stelle, um sich diesen Mannesmut anzueignen. Perversion? Verirrung?... Dieselbe Antwort: Ja und nein, denn jede Perversion birgt eine verschlüsselte Wahrheit, die man aufspüren muß, um die tieferen Zusammenhänge des Menschseins zu begreifen. Diese Begebenheit wirft auch Licht auf unser heutiges Thema.

• AUCH DEN SOZIALTRIEB STEUERT DAS GANZHEITSVERLANGEN

Wenn der Sexualtrieb Vertrautheit und Tiefe in der Zweisamkeit anstrebt, so will der Sozialtrieb diese Vereinigung mit der Allgemeinheit vollziehen, möglichst vielseitig, möglichst grenzenlos. Der Sexualtrieb verzichtet auf die Allgemeinheit zugunsten der Ausschließlichkeit einer privaten Beziehung, um auf diese Weise Intensität und Endültigkeit zu erlangen. Der Sozialtrieb opfert dagegen die Intimität des Privaten in all seiner unbestreitbaren Kraft, denn er fühlt, daß wir über die Verwirklichung einer Liebe von nur zwei Personen hinaus aufgerufen sind, uns mit der Vielzahl aller Menschen an allen Orten zu vereinigen, weil erst diese letzte Dimension der Liebe dem Maß unserer geistigen Berufung voll entsprechen kann.

So erkenne ich eine dialektische Spannung zwischen diesen beiden Grundtrieben des Menschen. Was also tun, um sie miteinander in Einklang zu bringen? Scheinen sie sich nicht aufs Schärfste zu widersprechen? Wie soll man die Großherzigkeit des Allumfassenden mit der Einzigartigkeit einer persönlichen Liebesbeziehung versöhnen? Wird das denn jemals möglich sein? Oder bleibt es bei der schönen Utopie einer „kosmischen Liebe" – in ihrer Besonderheit ausschließlich dem Partner zugewandt, tief und echt, zugleich aber eine sich erweiternde und verschenkende Nächstenliebe, die sich vorbehaltlos auf jeden Menschen dieser Erde auszudehnen vermag?...

Wir sagen, daß eine Beziehung, die nicht im absoluten Vorzug für nur ein Wesen besteht, sofort aufhört, Liebe zu sein. Andererseits müssen wir aber erkennen, daß eine solche Liebe, die nicht auch fähig ist, die gesamte Menschheit mitzuumarmen, etwas anderes als Liebe ist. Diese Aussage wird nicht jedem gut schmecken, aber es ist so. Bei der weltlichen Liebe handelt es sich um den ersten Aspekt, beim geistlichen Zölibat um den zweiten. Diese beiden verschiedenartigen Berufungen sollen sich aber unter allen Umständen irgendwie, irgendwann und irgendwo in einem Punkte treffen, sie müssen und sie werden es!... Im Namen des inneren Zusammenhangs der beiden Begriffe MENSCH und LIEBE müssen sie sich eines Tages mit absoluter Notwendigkeit vereinen lassen, damit die menschliche Existenz Sinn bekommt und wir in Harmonie mit uns selber leben können. Solange aber diese Versöhnung entsprechend dem gegenwärtigen Evolutionsstand des Menschen noch nicht gelingt und manchen ganz unmöglich erscheint, solange muß dieser Versöhnungspol in übergeordneter Weise, das Kommende kündend, postuliert werden.

• OMEGA, VERSÖHNUNG UND ÜBEREINSTIMMUNG

Die Lehre von der Endzeit der Welt- und Menschheitsgeschichte in ihrer Vollendung nennt man Eschatologie. Der eschatologische Punkt OMEGA bedeutet diese Übereinstimmung vom Einzelnen und Exklusiven (dem Ausschließlichen) mit dem Universellen und Inklusiven (dem Einschließlichen) und zwar an einem „Ort", der die Vielzahl der Menschen vereint wie eine Achse die Speichen des Rades. Diese Radachse der Geschichte und der Menschheit kann nichts anderes und niemand anderes sein als Jesus Christus, der durch seine Doppelnatur – Gott UND Mensch – allein fähig ist, diese Zusammenführung zu bewirken. Er selbst ist dieser lebendige Versöhnungspunkt, er selbst schafft diese Verbindung der Teile zum Ganzen.

Die Vereinigung aller Menschen in Christus ist in der Ehe bereits vorgezeichnet, sie ist deren Zeichen, deren Symbol und Sakrament, weshalb Paulus das Ehesakrament groß nennt, *„groß in seiner Beziehung zu Christus und der Kirche"* (Epheser 5,32). Die Einswerdung aller Menschen im Mystischen Leib wird nicht nur dieselbe Intensität haben wie die Liebesvereinigung von Mann und Frau in all ihrer glühenden Tiefe, sondern noch über deren Maß hinausgehend, noch tiefer, noch wunderbarer! Das Wort „mystisch" auf die Vereinigung aller Menschen in Christus angewandt, soll hier nicht im betonten Gegensatz zum Physischen gedacht werden, als ginge es nur um eine sinnbildliche, abstrakte, unrealistische Einheit, die manche deshalb als ein Traumgespinst belächeln, nein, das Wort „mystisch" muß heute wieder in aller Konkretheit, d. h. in einem sehr realen und ernsten Sinn verstanden werden, wirklicher und tiefgriefender als das Wort „physisch".

Das Mystische schließt alles Physische ein, nimmt es mit sich und überschreitet es radikal. Also geht es bei der Mystik um ein MEHR und nicht um ein WENIGER, was manche leider annehmen möchten. Das Mystische ist mehr als das Physische. Der französische Philosoph Emmanuel Mounier († 1950) hat uns eindringlich gewarnt, diese höhere Einheit nur bildhaft-symbolisch zu verstehen oder mehr im psychischen oder ethischen Sinn, denn es geht um eine leibliche Einheit der Menschen, aber das hat man bereits im Mittelalter gewußt und gut formuliert. Wir sprechen ja auch von einem feinstofflichen Auferstehungsleib, real und nicht symbolisch. Man lese Emmanuel Mounier *„Die kleine Angst des 20. Jahrhunderts."*

• DIE HÖHERE EINHEIT

Wenn Christus voraussagt:

> *„Wenn die Menschen von den Toten auferstehen,*
> *dann werden sie nicht mehr heiraten",*
>
> (Markus 12,25)

dann bedeutet das nicht, die Ehe sei im Himmel gestrichen und vergessen. Nein, meine Freunde, die Ehe wird im höchsten Sinne dann erst erfüllt werden, sie wird in ihrer ungeahnten Schönheit erkannt und gelebt werden können, weil die Partner ihre Mißverständnisse auf der Erde zurücklassen...

Leider hat man in kirchlichen Kreisen immer die Tendenz, eine mystische Vereinigung der Menschen in Christus bewußt unterzubelichten und möglichst zu umgehen, weil man an die körperlich erfahrene Vereinigung eines Paares denken könnte, das aufgrund eines mehr oder weniger verkappten Schuldgefühls für ausgelebte Sexualität peinlich berührt. Das wiederum geht auf einen noch immer anwesenden Platonismus und Manichäismus der Antike zurück, jene leibfeindlichen Tendenzen, die wir noch immer zäh mit uns schleppen, Konsequenz: Unsere leibliche Vereinigung im Mystischen Leib wird von der Mehrheit der Gläubigen als völlig absurd angesehen, die daher überhaupt kein Thema ist. Indem man den Begriff „mystisch" von jeglichen physischen Begleittönen reinigen wollte, hat man ihn ganz entleert.

Wer aber möchte glauben, daß die vollendete Vereinigung in Christus weniger sei als das, was wir aus irdischen Tagen als Erfahrung bereits in uns tragen? Es wird nicht nur „eine Verbesserung" für uns sein, wie wir es oft hören, sondern es erwartet uns ein Mehr im Grenzenlosen, denn wir erwachen auf einer höheren Ebene des Menschseins, auf der es deshalb keine Existenzschmälerung geben kann, sondern nur Existenzsteigerung. Dieser letzte und höchste Reifezustand muß demnach auch die Sinnenwelt des Menschen berücksichtigen, einschließlich der Sexualität, wenn auch in anderer, in erhöhter Form, denn es geht um die gesamtmenschliche Daseinserfüllung.

Jesus sprach in Bildern, Symbolen, Metaphern, und wenn er vom Himmel sprach, dann wird er nicht zufällig das Hochzeitsfest und das Hochzeitsmahl gewählt haben. Und nicht ohne Grund drückt sich bereits das Alte Testament über den Bund Jahwes mit seinem Volk in den Worten einer Verehelichung aus. Auch das heilige Buch der Mohammedaner, der Koran, umschreibt in seinem starken Realismus das, was man nach islamischen Begriffen unter Paradies versteht, denn auch dort glaubt man, erhaben über alle Zweifel, an die Auferstehung des Fleisches. Die 75. Sure trägt den Namen *„Al-Kiyamah"* (Die Auferstehung). Allah spricht:

> *„Will der Mensch nicht glauben, daß Ich alle seine Glieder einst zusammenbringen kann? Wahrlich, Ich vermöge es, selbst die kleinsten Glieder seiner Finger zusammenzufügen, doch der Mensch will das, was vor ihm liegt, gern leugnen."*
>
> (75/4–6)

Das Paradies, das unsere muslimischen Brüder und Schwestern im Glauben erwarten, das sind

„liebliche, wonnevolle Gärten mit herrlichen, unberührten Mädchen, schön wie Rubinen und mit Augen wie Perlen, die noch in ihren Muscheln verborgen sind... Man wird auf grünseidenen, golddurchwirkten und edelsteinbesetzten Ruhekissen sich gegenüberliegen und alles erhalten, was die Seele begehrt... Goldene Schüsseln mit Fleisch und Geflügel, goldene Trinkbecher voll des edelsten Weines, der keine Kopfschmerzen macht, werden von Jünglingen in ewiger Jugendblüte gereicht" ... etc.

(aus den Suren 43, Al-Zuchruf = der Goldprunk – 55,56 u. a.)

Der Islam verheißt demnach keinen stillen Himmel im Alleinsein mit Allah, sondern Gärten der Wonnen und sinnlichen Genüsse, erlebt in der Gemeinschaft und genährt von der Gnade des „Allbarmherzigen", denn *„Allah ist von großer Güte"* (57/22). An diesen bunten Himmelsbildern nehmen manche Christen Anstoß und schütteln ablehnend den Kopf, ich aber glaube, daß man hier intuitiv viel näher an die Wahrheit herangekommen ist als in den abstrakten Konzepten mancher christlicher Theologen. O nein, die Wirklichkeit, die uns erwartet, wird in all ihrem Zauber nicht etwas bloßes Ätherisches sein, sondern etwas Ganzheitliches.

Der geistliche Zölibat ist eine „Ehe"-Vertagung und sollte deshalb nicht als ein kirchlicher Irrtum attackiert, als bornierte Verweigerung und feindliche Entsagung des Ehestandes gebrandmarkt werden. Die Gottgeweihten leben in der klaren Erwartung und vollen Zuversicht ihrer Ewigkeit in der Fülle der Liebe, denn die Liebe ist die Berufung jedes Menschen. Wenn sie im Augenblick darauf verzichten, sich mit einem Partner, einer Partnerin zu verehelichen, dann deshalb, weil sie christusgleich die ganze Menschheit brauchten, um wahrhaft letzte Erfüllung zu finden. Wen heute wählen und wen nicht wählen? Alle haben ihren besonderen, eigenen Charme und strahlen das Göttliche aus, jede Person ist eine Welt, ein Universum, ein Absolutes, ein Himmel! Die provisorische Lösung ist daher der Zölibat in der Erwartung des Großen Tages, an dem sich der irdische

Widerspruch der menschlichen Liebe auflösen wird, es ist die GROSSE VERMÄHLUNG in der definitiven Synthese des Mystischen Leibes.

Wenn die Geistlichen schon heute ihren Standort in der Christusachse wählen und sich bei ihrer Weihe lebenslänglich an diese verschenken, so werden sie auf mystische Weise schon im Jetzt eins mit allen Menschenwesen „DURCH IHN, MIT IHM UND IN IHM" (Meßkanon). In ihrer Ganzhingabe an Christus leben sie den Typus der zukünftigen Beziehung aller Menschen, durch ihre gegenwärtige Christusvereinigung verkündigen und bezeugen sie einen Zustand, der später einmal für alle Gültigkeit bekommen wird – jenseits des menschlichen Todes. Bis dahin leben sie wie glückliche Brautleute in der sicheren Erwartung des Endgültigen.

Vorläufig kann nur ein einziges Wesen, Christus, mit jedem Einzelgeschöpf eine absolute, reale, treue Beziehung gründen und dieses Wesen in bevorzugter Weise, so wie es die Liebe immer verlangt, lieben. Für Christus bist Du nicht einer unter Milliarden, sondern Du zählst für ihn allein, Du bist „einzig" in seinen Augen, und seinem Herzen bist Du unersetzlich! Durch diese eheliche Beziehung, die Christus mit Dir unterhält, ob Du es fühlst oder nicht, ist er darüber hinaus fähig, in derselben Echtheit und Tiefe, in derselben Intensität und Ausschließlichkeit mit jedem Mann, mit jeder Frau und mit jedem Kind zu leben, wobei unsere menschlichen Begriffe von Lüge, Verrat und Betrug hier nicht heranreichen können. Das Christusgeschehen greift immer aus einer ganz anderen Ordnung ein, weshalb wir von der „höheren Einheit" sprechen, die von dort herbeigeführt wird.

• DIE RADACHSE UND DAS SAMENKORN

Was uns Menschen nicht nachvollziehbar erscheint, ist für Christus möglich und sogar notwendig, denn er ist in unserem großen Geschichtsrad nicht irgendeine Speiche, sondern die Achse. Nur dieses Zentrum als Vereinigungsort, nur diese Achse als Treffpunkt aller Speichen! Weil eine Achse in einer anderen Ordnung steht und eine andere Funktion hat als die Speichen, die sie untereinander und zugleich mit sich selbst verbindet, kann niemand behaupten, sie würde die eine Speiche mit der anderen betrügen... Sind wir uns darin einig?

Wenn sich kleine Sandkörnchen entschließen, miteinander eine Verbindung einzugehen, dann ziehen sie einander an, fester und immer fester, bis sie eines Tages einen massiven Sandsteinblock geformt haben. Ist nun ihre Vereinigung vollbracht? Nein. Ein Stein ist keine Einheit, sondern ein Aggregat oder Agglomerat oder Konglomerat, d. h. eine Anhäufung derselben Substanz in maximaler Verdichtung, wobei sie aber über einen Oberflächenkontakt nicht hinausgekommen ist. Was dann tun, um die wahre Vereinigung zu schaffen? Die einzelnen Materieteilchen müssen akzeptieren, daß ihr gegenwärtiger Zustand ein Getrenntsein voneinander bedeutet, auch wenn sie dicht beieinander leben, z. B. im fruchtbaren Erdboden. Dann kann das Samenkorn, das in die Erde fällt, die Materie absorbieren, um sie in ein hübsches Pflänzchen oder einen Obstbaum zu verwandeln. Die Einheit der Minerale kann nur durch das Eingreifen aus höherer Ordnung, durch etwas anderes, als sie selbst sind, durch etwas, das ihnen überlegen ist, geschaffen werden, und das ist das organische Leben.

Wahre Vereinigung ohne diese vertikale Ausrichtung bleibt Illusion. Jede Vereinigung eines horizontalen Typus ist zum Scheitern verurteilt, sie hat nur Aussicht auf Gelingen durch eine Beziehung diagonalen oder vertikalen Verlaufs. Jedes Vereinigungsstreben zwischen homogenen Elementen ist ein hoffnungsloses Unterfangen, weil Elemente derselben Natur über ihren Hautkontakt nicht hinwegkommen. Das ganz andersartige Element, das hier gebraucht wird, und das aus der höheren Ordnung helfend und gestaltend eingreift, heißt LEBEN. Nur das Leben kann die Materie vereinen, doch nur in dem Maß, in dem sie sich willig und vollständig von ihm aufnehmen läßt.

Versteht es die Materie, sich aufzugeben, dann bedeutet das ihre „Selbstverwirklichung", denn sie erfährt sich nun als „lebende Materie", aufgestiegen in eine höhere Ordnung. Sie erlebt sich nicht mehr in der bisherigen leblosen Starre, als Aggregat von Molekülen, sondern als eine Synthese lebendiger Zellen. Sie hat sich vom Stein zum Organismus gewandelt! Die jetzt geschaffene Einheit sämtlicher Zellen eines Baumes ist nicht mehr Frage eines Oberflächenkontaktes, sondern einer Einswerdung vom Zentrum her, Seele mit Seele, Mark mit Mark, Mitte mit Mitte vereint.

Die Vereinigung der Menschen untereinander folgt derselben Logik, denn *„wer sein Leben verliert, wird es retten"* (Mk. 8,35). Soweit der Mensch sein „Alleinsein" anzunehmen vermag, wird es ihm auch gelingen, von diesem Samenkorn der höheren Ordnung, das vor 2000 Jahren am Karfreitag in unsere Erde fiel, erreicht und erfaßt zu werden. Es beabsichtigt, alle menschlichen Moleküle an sich zu ziehen und sie zum LEBENSBAUM DER MENSCHEN heranwachsen zu lassen, wobei sie untereinander – wie die Zellen eines lebenden Organismus – ihre wahre Vereinigung erfahren.

Wie aber bildet sich diese höhere Menschheit im Mystischen Leib?

Dieses Samenkorn lädt die sich nach Einheit und Liebe sehnenden Menschen ein, sich in ihm zu verlieren und zu vergessen, sich ganz von ihm aufnehmen zu lassen, weil nur diese „Auferstehung" die ersehnte Vereinigung bringen kann. Das Samenkorn spricht: *„Ihr wollt einander wirklich erreichen, dann wißt, daß nur ich euren Traum erfüllen kann. Kommt zu mir! Kommuniziert mit meinem Leib, kommuniziert mit meinem Leben, kommuniziert mit meinem Tod."*... Und dieser Leib ist längst dabei, den Leib der höheren Menschheit heranzubilden, den Mystischen Leib Christi, dessen lebende Zellen wir alle sind.

In dieser Leib-Seele-Verbindung, in dieser Herz-zu-Herz-Vereinigung, werden alle menschlichen Liebesvorstellungen ihre Erfüllung finden. Wenn wir bei der Eucharistie den Leib

Christi empfangen, dann kommunizieren wir mit der ganzen Menschheit und werden EIN LEIB. Keinen anderen Weg gibt es zwischen zwei Menschen, die sich in ihrem Herzensgrund vereinigen wollen, als in der Transzendenz-Beteiligung jeder der beiden, das Sinnliche muß auf das Übersinnliche ausgerichtet sein. Gehen sie bewußt auf Christus ein und haben sie als Kommunizierende diesen Sachverhalt verstanden, dann ergänzen sie im Stillen die von der Gemeinde und vom Priester gesprochenen liturgischen Worte: *„Durch ihn, mit ihm und in ihm"*... „ERREICHE ICH AUCH DIE ANDERN UND JEDEN EINZELNEN VON IHNEN IN SEINER WESENSMITTE." Christus ist das Herz jeder menschlichen Begegnung und jeder Gemeinschaft, weil der Leib des GOTTMENSCHEN mit unserem Leib identisch ist: Er selbst nannte sich *„Menschensohn"*. Der eucharistische Leib Christi, die Hostie, ist das Mittel, durch das sich der wachsende Mystische Leib gestaltet, welcher die höchste und letzte Realität unserer Welt ist.

• KOMMUNION MIT CHRISTUS, KOMMUNION MIT DEN ANDERN

Eine Kommunion mit Christus allein während der Messe würde mich aus Gründen der weltumspannenden Liebe nicht zufriedenstellen und glücklich machen, doch sie bedeutet ja zugleich meine Kommunion mit den andern! Damit die Eucharistiefeier ihre volle Dimension entfalten kann und ihre wahre Bedeutung erfüllt, brauche ich Sie, meine lieben Freunde, an meiner Seite, ich muß Ihre Anwesenheit spüren – und das ist der Sinn unserer sonntäglichen Zusammenkunft. Doch oft genug stellt man mir diese Frage:

> *„Muß man denn unbedingt die Messe besuchen? Warum genügt es nicht, zu Hause zu beten? Ich kann das doch ebenso gut in meinem Zimmer tun!"*

Und dann versuche ich zu erklären:

> *„Recht hast Du, daß Du ‚ebenso' in Deinem Zimmer*

beten kannst, denn Gott ist in Deinem Zimmer, er ist in Deinem Herzen, er ist überall. Offen bleibt jedoch, ob Du ebenso ‚gut' beten kannst. Wie willst Du das wirklich Entscheidende der gesamtmenschlichen Existenz erkennen: Gottes Gegenwart in Deinen Brüdern und Schwestern um Dich her, was Du existentiell während dieses großen Liebesdienstes und Gottesdienstes erfahren kannst? Jeden Sonntag steht es Dir frei, ein wahres Fest unter Geschwistern mitzuerleben, wir feiern unsere übernatürliche Vereinigung, die jenseits aller Vorstellungen, Worte und Zeichen geschieht, jenseits unserer sinnlichen Wahrnehmungsmöglichkeit, und doch treffen wir uns alle in einer geheimnisvollen Tiefe, die uns nimmt und einswerden läßt. Die Messe muß dieser ‚Sammelplatz des Volkes' sein, vereint in einem Fühlen, Denken und Wissen, die Messe muß dieser Zusammenschluß geschwisterlicher Liebe sein, und Du könntest zu diesem Gelingen Deinen Beitrag leisten."

Die sogenannte Verpflichtung zum Sonntagsgottesdienst ist weder ein überaltertes, autoritäres Gottesgebot noch irgendeine dahingeschriebene Kirchenforderung, sondern sie beruht auf der Notwendigkeit, existentiell zu erleben, daß unsere Kommunion mit Christus von unserer Kommunion mit unsern Geschwistern nicht zu trennen ist. Sie ist ein kollektiver Akt spiritueller Praxis, eine sehr wesentliche Gemeinschaftserfahrung.

Alle Priester kennen diesen Seufzer aus ihrer Gemeinde: *„Die andern lenken mich ab, sie stören mein Gebet."* … Hier liegt Nichtwissen vor, denn diese andern bilden einen integralen Bestandteil Deiner Messe, an der Du Dich frei entschlossen hast, aktiv teilzunehmen. Sogar Skrupel von anno dazumal sind noch im Umlauf: Eine attraktive Schönheit schlägt einen Meßbesucher in Bann, sodaß dieser unfähig und auch unwillig ist, sich zu konzentrieren. Ich habe ihm gesagt: *„Nimm dieses Mädchen um Himmels willen mit hinein in Deine Messe, mit hinein in Dein Gebet, mit hinein in Deine Kommunion, denn es gehört dazu!"*

Solange wir durch dieses Leben gehen, suchen wir nach unserem Gott in den Gesichtern der Menschen. Vielen wird das bis ans Ende nicht einmal bewußt, daß sie gesucht und gefunden haben: Gott in den Gesichtern, die ihnen begegneten! Wer von uns könnte ins direkte Sonnenlicht schauen, ohne zu erblinden? Gott und die Sonne können wir nur im Widerschein der Dinge und Wesen „ertragen“. Zuweilen spannt sich ein Lichtbogen über das Land, wir Menschen sind seine reichen Farbnuancen, und die Sonne glänzt in jedem der Milliarden Regentropfen.

• MEINE ERLEBNISMYSTIK DER GOTTESGESCHÖPFE

Ich kann Gott nicht ohne seine Geschöpfe lieben. Ich will sie sogar leidenschaftlich und einzeln unaustauschbar lieben, jedes in seiner Besonderheit und mit der Intensität eines Gebetes, denn ich glaube nicht an eine von Gott geschiedene menschliche Liebe. Erst muß man von der Konsistenz und den unauslotbaren Tiefen des Menschlichen erfahren haben, denn entgegen aller „mystischen Flucht“ ist das Christentum eine MYSTIK DER INKARNATION, ein Eintauchen in das Herz des Lebens! Deshalb scheint für mich aus jedem Gesicht das Licht des Ewigen auf, ich versenke mich und schaue den Unendlichen dort und weiß ihn zugleich milliardenfach anwesend in unserer Welt wie in diesem einen Spiegel.

Hier in Ägypten und auf meinen zahlreichen Reisen im Ausland kontempliere ich auf mystische Weise dieses Gottesgleichnis, und alle Gesichter und Gestalten finden in mir ein tiefes Echo, das unauflöslich mit meinem Gotteslob verbunden ist, denn ich mache immer die gleichzeitige Erfahrung des Sinnlichen und des Geistigen, des Menschlichen und des Göttlichen. Dazu bedarf es einer bestimmten seelischen Haltung und des KONTEMPLATIVEN BLICKES, was besagt, daß dieser Blick nicht als besitzheischend mißinterpretiert werden darf, nicht als Quelle der Wollust, sondern als das Erleben einer Epiphanie des Göttlichen während dieser menschlichen Begegnung. Das Gottesmysterium wird transparent – und hoffentlich für vier menschliche Augen! Ich schaue eine lebendige Seele, die versucht, sich durch einen Körper Ausdruck zu geben, und mein kontemplativer Blick durchbricht diese Materie, weil ihn die Seele beschäftigt. Auch dann darf dieser Blick nicht Besitz nehmen, sondern im Gegenteil, er muß dieses Wesen, das vor mir steht, fördern. Das ist das Kriterium des „reinen Blickes", wie Jesus es meinte, und es ist der Gottesblick, der auf uns allen ruht in all seiner Diskretion – aber wie wirksam!

Diese Kontemplation der Wesen ist mein Geheimnis, sie ist meine innere, strahlende Freude, sie ist das Geheimnis meines nicht abbrechenden, wortlosen Gebetes. Alles Geschaute und tief Erlebte nährt mein Gottesklima, in dem ich mich bei meinen zahllosen und grundverschiedenen Tagesaktivitäten befinde. So kann ich sagen, daß meine mystischen Erfahrungen, die mir den „Gottesgeschmack" bereiten, vorrangig von den Geschöpfen ausgehen, aber sehr rasch transzendieren und ins Kosmische aufsteigen.

Seien wir dankbar, wenn uns dann und wann bei unseren menschlichen Begegnungen ein besonderes Vorgefühl des Himmels erfaßt, denn es sind heilige Augenblicke, die uns das Zukünftige ahnen lassen. Glücklich diejenigen unter uns, die das Wesen ihrer Schwestern und Brüder in dieser Transparenz des Herzens begreifen, die ihnen den lebendigen Gott offenbart! Und wenn unsere Messe ein Vorgefühl dieses großen Zusammenfindens aller Menschen in Christus bedeutet, so wie es sich uns eines Tages im Mystischen Leib kundtun wird, so muß man sagen, daß unsere heutige Kommunion mit Christus und die mit unseren Mitmenschen unbedingt zusammengehören. All das wird erfahrbar in einer Erlebnismystik der Gottesgeschöpfe.

• DER FEMININE GOTT DER EUCHARISTIE?

Gelegentlich höre ich bei geistlichen Gesprächen eine Männerklage, für die ich volles Verständnis habe, da ich mich selbst mit ihr auseinandersetzten mußte:

„Kann ein Mann denn überhaupt den maskulin erdachten Gott mit Leib und Seele so lieben, wie er eine Frau liebt, die ihn doch in seiner Tiefe berührt?"

Aber dann frage ich mich, ob dieser Vergleich nicht grundsätzlich hinkt, weil wir hier zwei verschiedene Ordnungen auf einen Nenner bringen wollen. Nein, Gott soll und kann für die Seele eines Mannes dieser über alles Geliebte sein – wie es das Erste Gebot fordert:

„Du sollst den Herrn, deinen Gott, lieben mit ganzem Herzen, mit ganzer Seele und mit ganzer Kraft."

(Deuteronomium 6,5)

Gewiß hat uns das traditionelle Gotteskonzept tief geprägt, sodaß es einer Frau leichter fällt, sich „dem Herrn" (Gott oder der auferstandene Christus) hinzugeben, denn wir Menschen haben ihm ein maskulines Geschlecht verabreicht. Das Wesen der normalen Frau vibriert allezeit in einem tief in ihr verwurzelten Hingebungsbedürfnis, sie will sich an den andern verlieren und sich von ihm absorbieren lassen. Demnach ist die Frau „spontan religiös" und „spontan mystisch" veranlagt, wobei ich keineswegs nur an die großen Gestalten der Frauenmystik und ihre erotischen Christusbegegnungen denke.

Beim Mann verhält es sich anders. Seiner Natur nach will er dominieren, er lehnt es ab, dominiert zu werden, er will selbst greifen und umarmen und nicht genommen werden. Das wahre Gebet und alle mystische Spiritualität bestehen aber in diesem Sichfallenlassen und Sichauslöschen vor Gott, dem Geliebten, es ist das vollpersönliche Abdanken, das dem Mann nicht immer leicht fällt, da es seiner Veranlagung extrem entgegenläuft. Versucht ein Mann mystisch zu beten, dann setzt das eine zweifache Selbstverneinung und Entäußerung voraus, denn erst muß er seiner maskulinen Natur entsagen und dann der allgemein menschlichen.

Vielleicht sollte der Mann sich einmal darin üben, dem femininen Gesicht Gottes auf die Spur zu kommen, um seine Mystik besser leben zu können. Wir sind es ja doch, die Gott vielleicht ganz fälschlicherweise als Männerbild fixiert haben. Vermutlich ist Gottes wahre Natur femininer, als wir bisher glaubten! Freilich wissen wir, Gott steht jenseits aller Qualitätsbestimmungen, entlehnt aus der Schöpfung, für die der Mensch eine Sprache erfand, denn er vereint in sich das Maskuline wie das Feminine und transzendiert beides. Ich glaube, wir haben das Gottesbildnis geschmälert und um eine Dimension verkürzt, als wir es als nur-maskulin verkündet haben. Ein mehr femininer Gott könnte nach meiner Ansicht den Weg zu einer christlichen Mystik der Zukunft eröffnen, d. h. zu einer ganz neuartigen Gottesbeziehung.

In der Eucharistie finden wir hierfür wertvolle Hinweise. Bei der Kommunion ist es Gott, der sich vom Menschen greifen und verzehren läßt und nicht umgekehrt. Hier repräsentiert gewissermaßen der Mensch den maskulinen Pol und Gott in seinem Sichverschenken den femininen. Das Göttliche, wenn maskulin, müßte eigentlich das einverleibende und integrierende Element sein, doch das Gegenteil ist der Fall, und das ist wahre Gottespädagogik! Gott macht sich noch kleiner als der Mensch, um sich von ihm verzehren und besitzen zu lassen – *„Nehmet hin und esset"*. Finden wir hier nicht einen neuen Zugang zu Gott, der ihn für den Mann erreichbarer macht?

So würde es dem Mann auch möglich werden, mittels aller Manifestationen des „Ewig Weiblichen" in seinem Leben Gott zu verkosten – wir haben über dieses Verb in der spirituellen Sprache bereits gesprochen – anstelle sich ihm wie bisher nur im reinen Willensakt zu nähern. Hier werden Sie gleich einwenden: *„Wer spricht denn von einem bloßen Willensakt, wenn es um Liebe geht? Echtes Liebestun ist ein Tun, das den ganzen Menschen beansprucht, das ihn in allen Teilen seines Wesens erfaßt und alle seine Fähigkeiten polarisiert."* Sie haben recht, ein Willensakt ist unzureichend, und so braucht auch die Gottesliebe, so wie das Erste Gebot sie fordert, mehr. Ich kann keine abstrakte Idee oder die „unendliche Totalität des Seins" von Herzen lieben, weil ich diese als letztlich undefinierbar erkenne und außerdem neben meinem Gehirn noch ein Herz und einen Leib habe. Wenn ich Gott ungekünstelt und lügelos lieben soll, dann muß ich mich ganzheitlich an dieser Liebe beteiligen können. Ich möchte, wie in einer Eucharistie, ganz hingenommen und ganz aufgenommen werden.

„Jesus ist wie eine Quelle, die selber
den Dürstenden sucht."

(Kierkegaard)

Ich möchte aber behaupten, je mehr ein Mann sich spirituell vertieft, umso femininer wird seine Natur. Ich spüre es im Gebet, denn ich lasse mich greifen, davontragen, lieben... Und assimilieren! Meine tiefste Gebetshaltung.

• ADAM ENTFALTET SICH IN DER GESCHICHTE

„Menschheit" das ist nach ewigem Weltplan dieses geschichtliche Werden des Menschen, es ist die schrittweise Entfaltung eines ungeheuren Programmes, das den einzelnen natürlicherweise überfordern muß. Daraus folgere ich, daß meine Mitmenschen ein wenig von mir selber sind, sie bilden einen kleinen Teil meines eigenen Wesens, oder sie sind meine Vergrößerung, die Erweiterung meines Daseins. Wir können ja auch nicht Mann und Frau gleichzeitig sein; werde ich als Mann geboren, dann spüre ich früher oder später, daß ich die Frau zur Ergänzung nötig habe, denn ich will als Mensch grundsätzlich „mehr" werden, und auch die Frau fühlt, daß sie des Mannes bedarf, um sich „auszudehnen".

Die Vervielfältigung Adams in einer seit Jahrmillionen wachsenden Generationenkette erlaubt der menschlichen Natur, alle in ihr angelegten Schätze, d. h. ihre Gaben und Talente, langsam ans Licht zu fördern. Deshalb wird die Menschheitsgeschichte so lange andauern, bis der volle Reichtum der menschlichen Natur, auch sein verstecktes, schlummerndes Letztes, aufbricht und in voller Blüte steht.

Vermutlich liegt hier der tiefe Sinn des Gottesbefehls des Schöpfungsmythos:

> *„Seid fruchtbar und mehret euch!*
> *Bevölkert die Erde!"*
>
> (Genesis 1,28)

Das menschliche Individuum gelangt daher auf zweierlei Ebenen zur Vollendung. Zunächst auf seiner persönlichen Ebene durch ein Leben in der optimalen Fülle. Wie aber? Indem es seinem eigenen Wesen den denkbar stärksten und vollkommensten Ausdruck verleiht, indem es das Beste und Allerbeste aus sich herausholt und verwirklicht, um so, seinen Anlagen entsprechend, selbst zum Teilprogramm des Ganzen zu werden. Dann auf der anderen Ebene, die in der Kommunion mit den andern besteht, im dynamischen Prozeß des Austauschs aller Werte untereinander.

> *„Ihr aber seid der Leib Christi, und jeder*
> *einzelne ist ein Glied an ihm."*
>
> (I Korinther 12,27)

Wenn Paulus uns erklärt, daß wir alle Glieder eines Leibes sind, dann will er damit sagen, daß wir uns nur in einer regen Lebensgemeinschaft vervollkommnen können. Niemand ist eine Insel, und keiner besitzt soviel selbstgenügende Fähigkeiten, seine menschliche Natur allein restlos auszuschöpfen und voll zur Entfaltung zu bringen, sondern er hat, um dieses Ziel zu erreichen, eine immense Zahl anderer Menschen nötig. Jeder von ihnen verwirklicht einen winzigen, aber einen notwendigen Bruchteil der unendlichen Möglichkeiten, die in der allgemein-menschlichen Natur noch verborgen ruhen. Wir werden in die Welt hineingeboren als Mann oder Frau, als Weißer oder Schwarzer oder Gelber, als Ägypter, Schwede, Chinese, als Amerikaner, Afrikaner oder Araber – dazu jeder von uns grundverschieden vom andern in Temperament, Charakter und Begabung. Warum? Um diese vielseitigen Werte und unzähligen inneren Kräfte der menschlichen Natur in Erscheinung zu bringen und das PROJEKT MENSCH zur Vollendung, die Gott mit seiner Menschwerdung als innerweltliche Wende begonnen hat.

Die Inkarnation ist ein Eheschluß zwischen Gott und dem Menschen, in dem Gott, wie in jeder guten Ehe, alles mit seinem Partner teilt – seine ganze Göttlichkeit! Das ist wichtig zu erkennen. Alles, was Gott ist und hat, teilt er mit dem Menschen, und deshalb wohnt die Kraft Gottes in jedem von uns. Wir dürfen über die göttliche Intelligenz und Weisheit mitverfügen, wir sind Miterben des Himmels, weil wir den GÖTTLICHEN GEIST besitzen! Die Evangelisten beschreiben diese Kraft des Geistes eindringlich, und der soeben Auferstandene versprach sie uns vor dem Pfingstereignis:

„Ihr werdet die Kraft des Heiligen
Geistes empfangen."

(Apostelgeschichte 1,8)

Und dieser Geist ist ein Wirbelsturm! Er hält den Menschen von der Mitte her turbulent in Bewegung, er treibt ihn weiter und immer höher voran. Seit dem Pfingsttag ist der Mensch aufgerufen, die außerordentlichsten Dinge in Angriff zu nehmen, er wird sie leisten und erfolgreich leisten, Dinge, die keiner unter uns heute glauben könnte, wenn ein Visionär sie beschriebe. Unsere Menschheitsgeschichte der Zukunft wird nicht nur immer stärkeren materiellen und wissenschaftlichen Fortschritt mit atemberaubenden Erfindungen bringen, sondern endlich auch den tief ersehnten sittlichen Fortschritt, an dessen Entwicklung es der Welt noch fehlt. Und immer wieder fragt man mich, ob das nicht törichte Hoffnungen sind, ob man das wirklich alles glauben kann. Dann rede ich mich heiß:

ABER JA DOCH! Die Inkarnation bedeutet das Einsinken Gottes ins menschliche Herz, um es für ein göttliches Leben bereitzumachen. Diese göttliche Strahl- und Brennkraft wird im Menschen einen noch ungeahnten Erkenntnis- und Bewußtseinszuwachs erzeugen, dem wir in unseren Vorstellungen keinerlei Grenzen setzen sollten. Denn Christus, der

Gekreuzigte, bewohnt uns nicht nur, sondern er hat uns im Selbstopfer erlöst, weshalb man ihn auch

DAS ANGEBROCHENE GOTTESREICH

genannt hat, ich denke an Lukas. Wer will es also noch wagen, an einer immer heller werdenden Zukunft zu zweifeln, in der die Kraft Gottes in unserem Innern mit Sicherheit das Böse austilgen wird und die Kräfte des Guten im Menschen endgültig sichtbar werden – dank unseres Welterlösers und Weltversöhners?

• DIE GROSSE ERNTE

Die seit Adam durch Zersplitterung und Ausstreuung in die Vielheit ausgegangene Bewegung muß in dieser Wiederversöhnung auf höherer Stufe konvergieren – man hat es auch das *„Heimholen der Schöpfung"* genannt. Nachdem der Mensch eines Tages seinen Reichtum in all seiner potentiellen Lebens- und Arbeitsenergie entfaltet haben wird, soll sich diese herrliche Garbe, die wir alle sind,

„für die große Ernte bereithalten."

(Lukas 10,2)

Alles Existierende gründet in Christus, alles wurde in ihm erschaffen, daher muß es als EIN GANZES von ihm wieder aufgenommen und dem Vater zurückgegeben werden. So wird die Multiform des Menschen und der Pluralismus unserer menschlichen Gesellschaft, alle Vergangenheit und alle Gegenwart, in EINE NEUE MENSCHHEIT einmünden, indem sie sich im zweiten Adam vollendet. Der zweite Adam ist der erste, multipliziert mit allem, was wir an Erbschaft unserer Ahnen in uns tragen, und mit dem, was wir in unserem eigenen Dasein individuell verwirklichen und dazulegen konnten. „Geschichte", das bedeutet dieses Dazwischen, zwischen dem ersten und dem zweiten Adam, sie ist dieser Raum und diese Zeit, die nötig waren zwischen den unscheinbaren Keimlingen und dem wogenden, fruchttragenden Feld. Dann kann die Ernte einsetzen, und die Frucht eingebracht werden, wie Christus dieses eschatologische Geschehen umschreibt. Und in dieser neuerworbenen, höheren Einheit sind wir in eine andere Ordnung aufgestiegen.

Das Ende in der Vollendung schaut Johannes in der Offenbarung, wo wir das Vereinigungssymbol von Mann und Frau wiederfinden: *„Jerusalem"*, die Gottesbraut, die Braut Jesu, schmückt sich für ihren Ehebund, sie ist bereit, ihren Geliebten zu empfangen, denn die Hochzeit ist nahe, und der Geist gibt ihr den Lockruf ein:

„Komm!"

(Offenbarung 22,17a)

Die letzte Seite unserer Bibel endet mit dem Ruf einer Braut nach ihrem Bräutigam, es ist der Vorabend des GROSSEN HOCHZEITSMAHLES – des Ewigen Bundes zwischen Christus und der Menschheit. Alles endet und vollendet sich in einem Liebeslied, denn anfangs bestand nur die irdische Vereinigung im „Verlassen" der andern:

„Darum läßt der Mann Vater und Mutter und bindet sich an seine Frau, und sie werden ein Fleisch."

(Genesis 2,24)

Doch war sie voller Symbolgehalt und Prophetie! In der Mitte zwischen diesen beiden Liedern finden wir die Versinnbildlichung des Liebesgeheimnisses in einem einzigartigen Geschehen – es ist das Sakrament der Eucharistie. Die Eucharistie ist der Augenblick unseres Glaubens an diese stete Integration, an diese treue Rückführung der Menschen aus der verlorengeglaubten Einheit, an dieses Heimholen durch Christus. Diese ersehnte Welteinheit vollzieht sich zwar unmerklich für unsere Sinne, aber tatsächlich. Bleiben wir in der Erwartung dieser heiligen Stunde der Wiederbegegnung der Menschheit mit ihrer Mitte, mit ihrer Seele. In dieser Erwartung ist alles Sehnen und Verlangen nach der EINEN Vereinigung enthalten, in der unsere irdische Liebe eines Tages kulminieren wird. Jetzt haben wir die prophetische Dimension des Christentums und insbesondere die erkannt. Und vergessen wir bitte nicht die Natur! *„Sie seufzt“*, sagt Paulus, denn auch sie drängt an ihre Quelle zurück, und wir fühlen, wie stark sie dieses Sehnen nach ihrem Schöpfer in sich trägt – fast wie eine schwangere Frau nach dem Kinde, die den Tag nicht erwarten kann. Den „Letzten Tag!“ Deshalb sollen uns gewisse Hinweise nicht erschrecken und Katastrophenängste auslösen, das Endgültige ist die Parusie und nicht die Apokalyptik mit ihrem ganzen Ideenkomplex. Vielmehr soll uns ein freudiges Gespanntsein in der Zuversicht auf diese universale Liebesvereinigung aller Wesen erfüllen.

Dann werde ich mit diesen beiden Armen, die heute nur für einen einzigen Menschen ausreichen, alle umarmen können, tiefpersönlich und allumfassend zugleich, denn ich vermag es in der Kraft desjenigen, der die Menschheit bereits vereint haben wird.

> *„Doch jenen Tag und jene Stunde kennt niemand, auch nicht die Engel im Himmel, nicht einmal der Sohn, sondern nur der Vater.“*
>
> (Markus 13,32)

Meine Kommunion mit dem persönlichen Gott

Unbewußt, nur ahnungsweise oder in vollem Wissen ist der Mensch sein Leben lang auf der Gottessuche. Und gerade dieses geistige Streben ist es, das seinen Glanz ausmacht, denn diese vertikale Orientierung unterscheidet ihn grundsätzlich vom horizontal orientierten Tier, er ist der HOMO CAPAX DEI, *„der gottfähige Mensch"*, fähig, Gott zu erkennen. Er ist die einzige Kreatur der Schöpfung, die sich geistig bewußt mit Gott in Verbindung setzen und auf eine ICH-DU-Beziehung einlassen kann, die einzige, die ihre Herkunft spürt und Gott als ihren Schöpfer erkennt, die einzige! Und beim eucharistischen Mahl erfährt dieses urpersönliche Verhältnis seine Besiegelung. Die Eucharistie bildet den mystischen Kreuzpunkt von zwei Bewegungen, die eine strömt aus dem Herzen Gottes zum Menschen hin und die andere vom Menschen, tastend und suchend, zu Gott. Findet die Seele ihren Schöpfer, so wird sie die Wonne der höchsten Liebe kosten: Brennend, stark, frisch, sanft und süß…

• DER GANZE MENSCH IST GOTTESSEHNSUCHT

All das ist tausendfältig erfahren worden, die einen sprechen vom zeitweiligen „nackten Glauben" oder der „finsteren Nacht", die andern vom „Warten auf Gott". Das ist kein furchtbarer, sondern ein fruchtbarer Zustand, wir leben das Opfer der Entäußerung, das uns hochsensibel für ALLES macht, aufmerksam für die Bedürfnisse unserer Mitwelt wie für das stille Liebeswerben Gottes, das in der vermeintlichen Gottesferne nah und aktiv ist. Dann ist unsere seelische Haltung abwartend, fragend, aber beharrend, denn das, was wir

Menschen das Nichts oder die Nacht nennen, das ist gerade die göttliche Sphäre unseres Innern! Die Nacht, die wir als ein Getrenntsein von Gott empfinden, ist gerade der Ort, den Gott bewohnt, denn er ist immer der ganz andere, weil er beides in der Einheit ist: Das Kosmisch-Übersinnliche in all seiner unvorstellbaren Erhabenheit und das allezeit Allernächste, der Bruder, der Freund, der Geliebte. Darum heißt es AUSHARREN, die in uns aufgähnende Leere ANNEHMEN und AUSHALTEN! Die Stunde kommt, da die Gnade die Seele wieder einholt und in solcher Weise durchflutet, daß wir im Göttlichen baden.

Es ist schon eine sehr merkwürdige Sache mit dem kleinen Menschenherzen, fähig, die Gottheit in sich aufzunehmen und dieses Geschehen bewußt zu erfahren, aber das ist das Mysterium unserer ureigensten Berufung. Ein libanesischer Dichter und Mystiker hat es einmal ausgerufen, und seine Worte durchliefen die gesamte Arabische Welt:

> *„Ya la jismi! Ma akhaffahu, wa ma athqual ma yahmiluhu!"*
> (Welch ein Wunder ist doch mein Körper! So leicht, so empfindlich, und doch enthält er eine so schwere Wirklichkeit!)
>
> (Mikhail Noumaymé)

Gemeint ist das „Gewicht Gottes", fühlbar für den Menschen, der ihn liebt, und das ist unser Aufruf zum Unendlichen, der sich in diesem geistigen Drängen und Schweifen äußert, in diesem unaufhaltsamen Voran und Aufwärts, in diesem Ringen, das freilich auch seinen Preis hat: Es macht aus uns grundsätzlich unruhige Wesen. Warum? Weil wir auf die Dauer gesehen unerfüllt bleiben müssen, wir sind niemals vollständig zu sättigen. Irgend etwas Geheimnisvolles zehrt weiter in uns, was immer wir auch Herrliches besitzen könnten, was immer wir auch Sagenhaftes wissen und entdecken würden – wir wollen NOCH MEHR, wir wollen Neues, Besseres, Anderes, Größeres, Stärkeres, Intensiveres.

So wie der Vogel nur Vogel ist, weil er fliegt, und wie der

Fisch nur Fisch ist, weil er schwimmt, so ist der Mensch nur Mensch, weil er in einem geistig-religiösen Leben seine Bestimmung hat und in Gott sein Ziel. Ein Glas ist ein Behälter, der gefüllt werden will, das ist die Bestimmung eines Glases. Auch unser Magen ist ein solcher Behälter, der nach Füllung ruft. Das Herz des Menschen ist einem leeren Magen vergleichbar, der den ganzen Menschen unruhig macht, und in diesem Hungergefühl erkenne ich den menschlichen Dynamismus auf dieser Erde. Manche sagen, wir seien zum Leben verdammt, ich sage, wir sind zur Gottesvereinigung verdammt.

Hörten Sie von dem in Frankreich bekannten Pfadfinder Guy de Larigaudie, († 1940), der, nachdem er fünf Kontinente in einer unstillbaren Glückssuche durchstreift hatte, kurz vor seinem frühen Tod mit 26 Jahren folgendes niederschrieb?

> *„Wie in einem Garten von Mauern umgeben, bin ich in der weiten Welt spazierengegangen. Neugier und Abenteuerlust trieben mich von einem Erdteil zum andern, und ich habe mir dort meine Kindheitsträume, einen nach dem andern, erfüllt. Den Garten der alten Pariser Villa, in dem ich meine ersten Schritte gelernt hatte, habe ich bis an die Grenzen der Erde erweitert und das Spiel meines Lebens auf der Weltkarte genossen. Trotzdem haben sich die Mauern des Gartens um mich wieder zusammengezogen, und ich befinde mich noch immer im Käfig. Doch der Tag wird kommen, an dem ich meine Lieder der Liebe und der Freude endlich singen kann! Alle Hindernisse werden weichen, und ich besitze das Unendliche!"*
>
> (aus „Etoile au Grand Large")

Schon vor unserer Geburt ist uns ein unauslöschliches Siegel eingebrannt worden. Der Name dieses Siegels heißt „Gott". Hier liegen unsere Größe und unsere Würde, aber auch unser Leiden begründet. Gott ist als Existenzgrund des Menschen dieser Hohlraum, der sich in seinem Innern dehnt wie ein Leidensschrei nach der Begegnung. Hören wir die Psalmisten:

„Gott, Du mein Gott, Dich suche ich, meine Seele dürstet nach Dir, Gott, nach Dir schmachtet mein Leib wie dürres, lechzendes Land ohne Wasser. Ich denke an Dich auf nächtlichem Lager und sinne über Dich nach, wenn ich wache."

(Psalm 63 2+7)

„Mein Herz und mein Leib jauchzen zu ihm, dem lebendigen Gott."

(Psalm 84,3)

„Wie der Hirsch lechzt nach frischem Wasser, so lechzt meine Seele, Gott, nach Dir. Meine Seele dürstet nach dem lebendigen Gott, wann darf ich kommen und Gottes Antlitz schauen?"

(Psalm 42,2–3)

Diesen Aufschrei der Seele vernimmt das Universum seit Jahrtausenden, WANN WERDE ICH DEIN ANTLITZ SCHAUEN?... Wir alle wissen, *„wir sind von seiner Art"* – diese Aussage stammt von dem griechischen Gelehrten und Dichter Aratos († 213 v. Chr.), die Paulus in seine Athener Rede eingeflochten hat (Agp. 17,28); ja, wir Menschen sind von Gottes Art, doch müssen wir akzeptieren, daß der Höchste in uns einen Hohlraum gräbt, daß seine Anwesenheit gerade in dieser Aushöhlung besteht, welcher der Ursprung unseres unstillbaren spirituellen und existentiellen Durstes ist, ein Durst, den keine Gabe der Welt restlos löschen kann. Aber warum? Weil wir unsere Schöpfgefäße, Illusionen nachhängend, in Scheinzisternen senken, oder in schlechte, poröse Zisternen, in beiden Fällen umsonst!

„Denn mein Volk hat doppeltes Unrecht verübt, mich hat es verlassen, mich, den Quell des lebendigen Wassers, um sich Zisternen zu graben, Zisternen mit Rissen, die das Wasser nicht halten."

(Jeremia 2,13)

Unbegreiflicherweise lassen wir es voll bewußt zu, daß die Welt uns fortwährend täuscht, daß wir Herz und Sinne an tausenderlei Blendwerk verlieren, an eine Kost, die weder anhalten noch aufbauen kann, sondern im Gegenteil, die allgemeine Frustration wächst! Daher der Gottesschrei, der die festen Schleier zerreißen und die Seele befreien soll. Unsere Sehnsucht nach Gott aber muß bleiben, sie ist DAS LEUCHTENDE GEHEIMNIS DES CHRISTENTUMS. Der Christ lebt im Zustand der Sehnsucht, sie darf nicht mit anderen Dingen zugeschüttet, gelöscht und vergessen werden.

• ANGST UND UNLUST

Zweifellos finden sich, wenn der Weg noch unbekannt ist, in diesem fundamentalen Gottesbegehren und der Suche nach dem Unendlichen auch die Wurzeln unserer Ängste. Der zeitgenössische Existentialismus hat diesen Tatbestand lichthell aufgedeckt und ihm scharfes Profil gegeben. Ja, der Mensch leidet an seinen Ängsten, weil er, obgleich endliche Kreatur, dennoch vom Unendlichen gezeichnet ist. Wie ist das zu verstehen?... Stunde für Stunde, Tag für Tag von endlichen Objekten in all ihrer Variation und in der ihnen eigenen Dichte umgeben, doch im Grunde nach dem Unendlichen dürstend, befindet sich der Mensch in einer existentiellen, teilweise hochgeladenen Spannung – und das ist sein Schicksal, es ist das Drama seiner Geschöpflichkeit. In dieser Perspektive ist das Los des Menschen tragisch zu nennen, und es wäre unsinniger Selbstbetrug oder Unaufrichtigkeit, dies zu beschönigen. Das Verdienst gewisser Produkte unserer modernen Kunst besteht darin, uns mit dieser unumgänglichen Wahrheit aufs härteste zu konfrontieren.

Mögen uns dabei doch die Augen aufgehen, und mögen wir verstehen lernen, daß die Tragödie des Menschen zeitbedingt ist und im Zusammenhang mit seiner kreatürlichen Beschaffenheit steht, er ist ganz Kreatur und birgt doch das Göttliche! Wie könnte die Schöpfung ein vollkommenes Happy End in dieser Dimension für ihn vorsehen, auch wenn es ihm pausenlos von der Konsumgesellschaft vorgeschwindelt wird? Solange diese Verstehenslücke noch klafft, fehlt uns das Wesentliche zum Weltverständnis und zum

Selbstverständnis. Die einzige Kreatur, die in so tiefe seelische Verfinsterung, sag Depression, verfallen kann, daß sie sich das Leben nimmt, ist der Mensch. Die Angst gehört zum Menschsein, aber sie ist es auch, die seine Größe ausmacht, weil er ahnt, was es für ihn bedeuten würde, das Unendliche zu umarmen und von der Erkenntnis der Gottesliebe durchdrungen zu werden im Wissen, daß sie der Beginner ist. Wenn ich sage, ich liebe Gott, dann meine ich vor allem, daß ich mich geliebt weiß.

Warum aber diese Hürden auf unserem Weg? Und nicht nur die Welt stellt sie uns, sondern selbst unsere kirchliche Spiritualität! Die Vorstellung eines Herrschergottes im Sinne weltlicher Machtausübung muß dringend und endgültig überwunden werden, das ist überfällig! Jene Gottesbegriffe vom Allmächtigen und Ewigen in seiner ganzen himmlischen Glorie, der thronende *„Herr aller Mächte und Gewalten"* (Eucharistische Hochgebete), so überreich in unserer Meßliturgie ausgebreitet, suggerieren nicht sein Wesen der Liebe und Nähe, auch wenn diese Namen in der Bibel vorkommen. Mir sagen sie wenig, denn ich stehe auf DU und DU mit dem unsagbar nahen und spürbaren Gott und wünschte, daß dieses schwere Vokabular schleunigst ausgewechselt würde. Es verbreitet beim Meßbesucher nichts als religiöse Unlust und Angst, weil er es mit überalterten Vorstellungen assoziiert, mit Monarchen- und Tyrannentum mittelalterlicher oder orientalischer Unterwürfigkeit, olympischer Göttergewalt der Antike, magischer Zauberkraft des Heidentums und vielem mehr. Obwohl Jesus Christus ETWAS GANZ ANDERES ist, hält die Liturgie leider noch immer am Alten fest und verkündet Gott als den Allerhöchsten und damit den Allerfernsten, wenn nicht gar Bedrohlichen. Ich bedaure zutiefst, daß auch unsere neue Liturgie dieses sprachliche Problem noch nicht lösen konnte, denn sie ist es ja doch, die die Mentalität eines Gottesvolkes prägt und Freude oder Unlust gedeihen läßt. Die Liturgie ist leider unserer modernen Theologie nicht wirklich gefolgt, und die Menschen halten Ausschau nach vielerlei anderem. Das ist eine ernste Bemerkung.

• DIE QUELLE, ERFAHRUNG DER FÜLLE

„Quelle" – das ist ein Gottesname! Das ist das Ewig-Gebende und Ewig-Unerschöpfliche! Die vielgepriesene Wasserstelle in einer Oase, die über lange Zeit Mensch und Tier erquickt hatte, beginnt eines Tages zu versumpfen. Diesem Bild hält man eine sprudelnde Quelle entgegen, die ihr frisches Wasser noch geben wird, wenn der Wüstenbrunnen längst versiegt ist. Christus hat immer wieder von dieser spirituellen Quelle gesprochen, die nicht irgendwo in schwer zugänglichen Gefilden außerhalb von uns zu finden ist, sondern inwendig in uns, am tiefsten Grunde unseres Wesens, *„im Herz des Herzens"*, wie wir im Arabischen sagen (ein Wort, das ich sehr liebe!), also in unserer Mitte. Und diese Quell-Erfahrung ist in ihrem Reichtum das Erleben der Fülle, die nicht nur vorübergehend erquickt und erfreut, sondern sättigt und Frieden schafft. Derjenige, der nach ihr forschte und dabei mit vielerlei Dingen experimentierte, wird erfahren haben, daß alles verblaßt und im Wesenlosen versinkt, wenn er an diese Quelle tritt.

> *„Ich bin das Alpha und das Omega, der Erste und der Letzte, wer durstig ist, den werde ich umsonst aus der Quelle trinken lassen, aus der das Wasser des Lebens strömt."*

(Offenbarung 21,6)

> *„Wer Durst hat, komme zu mir, und es trinke, wer an mich glaubt. Wie die Schrift sagt, aus seinem Innern werden Ströme von lebendigem Wasser fließen."*

(Johannes 7,37–38)

Wir schauen also noch weiter: Jesus prophezeit, daß dem Ankommenden nicht nur der spirituelle Durst gestillt und sein Herz endlich bleibendes Glück in der Fülle finden wird, sondern daß er seinerseits jetzt fähig ist, die anderen aus seiner eigenen Quelle zu speisen und vielleicht den Durst Tausender zu löschen. Die Fülle, die ein Mensch als seinen inneren Quellpunkt – Christus – entdeckt hat, ist eine qualitative und eine quantitative Fülle, die sich erweitert und für seine Mitmenschen mitergießt. Gott ist meine Quelle, und ich diene ihr als Gefäß, daß ich den anderen reiche.

Aller Überschwang und Überfluß der Gottesgaben, die sich einmal bei der Begegnung Jesu mit einer fremden Frau (Johannes 4) gezeigt haben, zeigte sich in ähnlicher Weise bei der Wunderbaren Brotvermehrung. Er hatte eine Menge von fünftausend Menschen am Seeufer mit nur fünf Gerstenbroten und zwei Fischen gesättigt – berichtet von den vier Evangelisten. Aber, und das ist das Bedeutsame, am nächsten Morgen rief er in dieselbe Menge, die sich am andern Ufer des Sees in der Synagoge von Kafarnaum in Scharen eingefunden hatte und wegen seines Brotwunders in Begeisterung ausgebrochen war:

„ICH BIN DAS BROT."

Die Brotvermehrung tags zuvor war eine wichtige, symbolische Handlung gewesen, deren Sinn er nun in seiner berühmten Brotrede näher erklären wollte. Damit führte er die Menschen vom Zeichenwunder zum Glaubenswunder der Eucharistie:

> *„Das Brot, das Gott gibt, kommt vom Himmel herab und gibt der Welt das Leben. Ich bin das Brot des Lebens, wer zu mir kommt, wird nie mehr hungern, und wer an mich glaubt, wird nie mehr dürsten...*
>
> *Nicht Mose gab euch das Brot des Lebens, sondern mein Vater gibt euch das wahre Brot...*
>
> *Ich bin das Brot des Lebens. Eure Väter haben in der Wüste das Manna gegessen und sind gestorben. So aber ist es mit dem Brot, das vom Himmel herabkommt:*
>
> *Wenn jemand davon ißt, wird er nicht sterben. Ich bin das lebendige Brot, das vom Himmel herabgekommen ist. Wer von diesem Brot ißt, wird in Ewig-*

keit leben. Das Brot, das ich geben werde, ist mein Fleisch für das Leben der Welt."

(Johannes 6)

● VON LUFT UND LIEBE LEBEN

„Von Liebe und frischem Wasser leben", sagt man im Französischen, *„von Luft und Liebe leben"*, im Deutschen, und alle wissen wir in welchem Zusammenhang, nämlich in Zeiten höchsten Liebesglücks. Wenn ich Sie frage, weshalb Sie ein Leben lang mit viel Sorge, Geld- und Zeitaufwand darauf bedacht sind, Ihre Mahlzeiten pünktlich auf dem Tisch zu haben, dann würden Sie mir antworten, um nicht zu verhungern. Das ist richtig. Aber wie ist es dann möglich, daß nachweislich seit vielen Jahrhunderten bis in unsere Zeit außergewöhnliche Menschen unter uns leben, die trotz jahrzehntelanger Nahrungslosigkeit nicht verhungern? Sie leben buchstäblich von Luft und Liebe, sogar ohne Flüssigkeitsaufnahme und manche annähernd ohne Schlaf. Die einen stigmatisiert, d. h. sie empfingen die Wundmale Jesu, sie waren physisch schwer krank oder gelähmt, die andern gesunde Mahner, die ratgebend in die Politik ihrer Zeit eingegriffen haben. Aus den bekannten Fällen werde ich nur drei Beispiele nennen:

Zunächst der Schweizer Heilige und Landespatron der Schweiz, der Mystiker und Wald-Eremit Nikolaus von Flüe, auch Bruder Klaus genannt († 1487). Sein nachgewiesenes, doch freilich unerklärliches Wunderfasten sorgte im damaligen Europa für allerhand Aufregung in der Welt der Wissenschaft. Ab seinem 50. Lebensjahr lebte dieser gescheite und vollkommen gesunde Mann die letzten 20 Jahre ein nahrungsloses, mystischen Leben, wunschlos glücklich und vereint mit seinem Gott in einer bescheidenen Waldklause, in der er nicht einmal aufrecht stehen konnte! Ich sage „wunschlos glücklich" in Hinblick auf Thomas von Kempen, der sich nichts sehnlicher wünschte, als *„nicht mehr essen, trinken und schlafen zu müssen, um viel glücklicher und nur mehr von geistlichen Erquickungen der Seele zu leben"* („Nachfolge Christi").

Die beiden anderen Fälle gehören in unsere Zeit, und sie sind in vielem einander vergleichbar: Die deutsche Therese Neumann von Konnersreuth († 1962) und die französische Marthe Robin († 1981). Beide Frauen verbindet die einfache Wesensart und Bildung, die Stigmatisierung, die jahrzehntelang anhaltende ekstatisch geschaute und an Leib und Seele erfahrene Passion Jesu an jedem Freitag und die vollkommen übernatürliche Nahrungslosigkeit bei konstantem Körpergewicht. Sie lebten, wie Bruder Klaus, von der himmlischen Liebe, ohne auf irdische Nahrung angewiesen zu sein, sie lebten von der Hostie – einmal von der ganzen, ein andermal von nur einem winzigen Teilchen. Dabei haben sie das Wörtchen „ich" nicht gekannt:

> *„Der Heiland will es so, der Heiland kann es!... Und wir müssen stark bleiben in unserer Heilandsliebe."*
>
> (Therese Neumann)

Sie kannten kein Hungergefühl, keinen Durst und hatten kaum Schlafbedürfnis, das einzige Bedürfnis, das sie wirklich kannten, war das Sühnebedürfnis aufgrund ihrer existentiell gelebten Christusliebe und Nächstenliebe in der Einheit. Marthe Robin sühnte für die Menschheit auf einem unvorstellbaren Krankenlager – 51 Jahre gelähmt und langsam erblindend. Dazu erlitt sie während dieses halben Jahrhunderts in einer fast 30-stündigen Schmerz- und Liebes-Ekstase an jedem Freitag das Passionsleid Jesu. Vom Mit-Leid und der Mit-Liebe zu ihm und seiner Mutter, die sie *„maman chérie"* (geliebte Mama) nannte, lebte Marthe Robin. Therese Neumann soll auch freudige Visionen aus dem Leben Jesu gehabt haben, wobei sie archäologisch exakte Angaben machen konnte und Aramäisch, die Sprache Jesu, hörte und wiedergab: z. B. die Wunderbare Brotvermehrung, das Gastmahl in Bethanien mit Maria Magdalena, die Tabor-Verklärung, die Fußwaschung und die Auferstehung.

Diese leidfrohen Dulderinnen (auch Therese Neumann war schwer krank, erfuhr aber nach Jahren eine unerklärliche Heilung von Lähmung, Blindheit und anderen Gebrechen) lebten beide in ihren unbekannten Dörfern die ÜBERNATÜRLICHE LIEBE, eine Liebe HÖHERER ORDNUNG, die sie über ihr eigenes Leid und das Leiden Jesu hinaus noch zu anderen Duldungen befähigte: die nicht abreißenden Besucherströme aus allen Erdteilen nahmen sie an und verarbeiteten sie, insbesondere die Gebetsanliegen der Fremden. Sie beteten und litten für Schwester und Bruder Mensch. Marthe Robin behielt auf wunderbare Weise jeden Namen und jeden Fall aufs genaueste, Hunderttausend sollen an ihrem Bett gestanden haben, und sie habe viele Kranke geheilt, nah oder fern, durch Fürsprache oder ihre eigene, aktive Leidensübernahme. Dazu ertrugen sie die Marter der nie endenden wissenschaftlichen Neugier-Untersuchungen – aber wie will man das Übernatürliche natürlich erklären? Wie will man dem in der Übernatur flutenden Geist mit technischen Mitteln auf die Spur kommen? Wie will man überhaupt die Übernatur dieser Kleinen und Demütigen „verstehen", die wie so oft *„in ihrer Schwäche das Starke beschämen"*? So enttäuschte Therese Neumann schon gleich zu Beginn die Ärzte, die sie um eine Urinprobe baten: *„Aber ich hab' doch keinen!"*

Diese menschlichen Phänomene bleiben gegenüber der tiefbohrenden Wissenschaft ohne Antwort. Und ich frage mich, ob sie nicht Vorläufer eines neuen, eines anderen Menschen sein könnten, noch einsame Fackeln, Propheten, die eine Zeit ankündigen, in der eine nahrungslose Lebensweise für alle Menschen möglich wäre? Zeichen und Wunder, die uns eine Vorahnung geben sollen, was unsere „göttliche Natur" im Grunde vermag? Hinweise auf den Menschen der Zukunft, bei dem wahre Liebe schlicht und einfach das Essen ersetzt? Mir wäre eine solche Entwicklung vorstellbar. Als ich dieses Thema kürzlich bei einem Gruppengespräch erwähnte, fiel mir eine Zwanzigjährige strahlend ins Wort: *„Das stimmt! Wenn ich verliebt bin, vergesse ich zu essen, und ich brauch' auch nichts."*

Das „tägliche Brot" unserer Tagestische wäre dann als ein Symbol zu betrachten, ein Zeichen für jene „Liebe und Herrlichkeit", die unsern Herzensgrund eines Tages in solcher

Weise erfüllen wird, daß sie alle Zellen unseres Körpers ernährt und funktionstüchtig hält. Wenn wir heute unsere komplizierte und üppige Nahrung für nötig halten, dann vielleicht deshalb, weil wir noch nicht im vollen Ausmaß zu lieben verstehen? Die Liebe hat in uns noch nicht den erforderlichen Raum gewonnen und unser Herz erleuchtet, um zu ihrer eigentlichen Bestimmung zu gelangen d. h. uns von innen her zu vollenden. Wenn wir aber einst, so wie es heißt, *„in der Fülle leben"* werden, das für mich gleichbedeutend ist mit *„in der Fülle lieben"*, dann mag ein neues Zeitalter anbrechen, in dem Hunger und Durst nach unseren heutigen Begriffen immer seltener werden.

Dem Menschen stehen zwei verschiedene Energien zur Verfügung, die seinen Körper am Leben erhalten, eine Energiezufuhr von außen (Kalorien, Proteine etc., man nennt sie „lebenswichtig"), und eine ganz andere Energie, über die wir bisher noch nichts Exaktes sagen können, aber diese wird ihren Ursprung gewiß nicht außerhalb vom Menschen haben. Einige Heilige und Mystiker verschiedener Kulturkreise und Religionen haben praktische Erfahrung mit beiden Energien, die eine wie die andere ist für sie Tatsache. Und ich glaube auch hier, daß diese Menschen lebende Zeichen des Zukünftigen sind, leuchtende Vorboten einer unvorstellbar anderen Zeit, Vorwegnahme des HÖHEREN MENSCHEN, zu dem die geistige Evolution unterwegs ist.

Dann werden es mehr sein, doch keinesfalls alle? Nein, wir sind alle betroffen! Und wenn wir überzeitlich denken, ohnehin, denn stellen wir uns unseren Auferstehungsleib vor, der unruhig nach Nahrung suchte, um zu überleben! Warum aber braucht dieser Leib keine Nährstoffe mehr? Weil er von der Liebe der andern lebt, denn einer wird zur Nahrung des andern werden. Vor allem aber wird die Gottesliebe den Mystischen Leib ernähren, und schon heute dürfen wir im eucharistischen Geheimnis daran teilhaben. Mit Therese Neumann, Marthe Robin und den vielen Ungenannten seit den Tagen des Franz von Assisi dämmert etwas Neues herauf, denn diese Gottesnahen haben es schon in der Gegenwart erfahren dürfen.

• DIE GÖTTLICHE INITIATIVE

Weil der Mensch die Gottesnähe spürt, deshalb sucht er nach ihm, bei Tag und im Traum sucht er nach ihm, bewußt oder unbewußt jeder Mensch. Und ebenso tastet Gott unablässig nach seinem Geliebten, er sucht nach Ihnen, meine lieben Freunde, er sucht nach mir, er sucht nach uns allen. Und wenn er nicht die Initiative ergriffe und unter unaussprechlichen, uns ganz unvorstellbaren Opfern, in unsere irdische Welt einbräche und in unser Fleisch einträte, dann wäre alle Gottessuche des Menschen vergeblich. Gottes Menschwerdung wirkt in uns spürbar, sie lenkt uns von innen her ihm entgegen:

> *„Du würdest mich nicht suchen, wenn du mich nicht schon gefunden hättest, beunruhige dich also nicht."*
>
> (Pascal)

Der Feinfühlige weiß um die Tatsache der werbenden Gottesnähe und fühlt, daß der Schöpfer ihn braucht. Gott sehnt sich nach seinem menschlichen Freund, und diese Gottessehnsucht erzeugt im Menschen die Antwort:

Beispiel: Eine junge Frau liebt im stillen einen Mann, weil sie sich ihm *verwandt* und *auf der gleichen Wellenlänge* fühlt. Eines abends entdeckt sie ihn überraschend auf einem großen Fest und umgibt ihn mit besonderen Blicken, sie nimmt ihn ganz hinein in ihre Aura wachsender Sympathie. Der Mann spürt es, er fängt den Blick auf, der Funke springt über, er antwortet. Wenn ihn später seine Freunde fragen würden, weshalb er sich an jenem Abend in sie verliebt habe, so wüßte er um alles in der Welt keine Erklärung; er könnte zwar allerlei subjektive, imaginäre oder rein äußerliche Gründe angeben, daß aber der wahre Beginn dieser Beziehung eine Antwort war, dessen ist er sich nicht bewußt. Liebe hatte an diesem Abend Gegenliebe erzeugt, die sich nun im beglückenden Geben und Nehmen rasch entwickelt.

Unsere Liebesgeschichte mit Gott steht in derselben Ordnung. Gott ist dieses junge, werbende Mädchen, dessen Blick uns verfolgt und erreicht, wir werden bis ins Innerste getroffen und müssen antworten:

> *„Niemand kann zu mir kommen, wenn nicht der Vater, der mich gesandt hat, ihn zu mir führt."*
>
> (Johannes 6,44a)

> *„Nicht Ihr habt mich erwählt, sondern ich habe euch erwählt..."*
>
> (Johannes 15,16a)

Ja, Gott sieht Dich an, und in Deiner Seele vernimmst Du ein Lied, das Du niemals vergißt. Ja, Gott tut diesen ersten Schritt. Wenn das Irdische das Göttliche sucht, dann kann diese Suche nur eine Antwort auf etwas bereits Vorhandenes sein, eine Antwort auf die Initiative des persönlichen Gottes. Wenn das verlorene Schäfchen sich abends in der Sicherheit seines Stalles wiederfindet, dann deshalb, weil der Hirt lange nach ihm gesucht hat. Wenn der Verlorene Sohn es gewagt hat, trotz seines miserablen Gewissens dennoch heimzukehren, dann deshalb, weil er wußte, wie sehnsüchtig er von seinem Vater erwartet wurde und daß er seinen Platz im Herzen und im Hause des Vaters niemals verloren hatte. Wenn die Samariterin die Erfahrung des lebendigen Wassers am Jakobsbrunnen haben durfte, dann deshalb, weil Jesus ihr gegenüber gleich mehrere Initiativen ergriffen hatte, die ihr die Entdeckung des Messias in diesem Wanderer, der mit ihr sprach, ermöglichten. Er wußte, daß er sie dort treffen würde und erwartete sie im Staub und in der Mittagsglut am Brunnen sitzend. Dann sprach er sie an, entgegen aller Regel und Sitte, und diskutierte mit ihr über die Letzten Dinge, bis sie den Welterlöser in ihm erkannte und gerettet war. Kennen Sie den gregorianischen Gesang:

> *„Quaerens me sedisti lassus..."* (Dies Irae)
>
> (Erschöpft von Deiner Suche nach mir,
> sitzt Du und erwartest mich)

• GOTT SUCHT DICH

Gott sucht Dich seit Deinem Aufenthalt im Paradiesesgarten. Der Mythos macht es in symbolischer Stärke deutlich, wie sehr Gott die menschliche Nähe sucht: Er geht hin zum ersten Menschenpaar, spricht mit ihm, hat etwas vor mit ihm, ist besorgt um ihn. Gott sucht Austausch mit seinem geistigen Geschöpf, das er liebt.

> *„Am Tag, da Gott den Menschen erschuf,*
> *machte er ihn Gott ähnlich."*
>
> (Genesis 5,1)

Und es war nach der Weisheitsliteratur des Altertums *„ihre Freude, bei den Menschen zu sein"* (Sprüche 8,31). Wessen Freude? Die Freude der Göttlichen Weisheit! Aber seitdem der Mensch Gott mit Lug und Trug geantwortet und seinen stählernen Hochmut bewiesen hat, begann das Leiden Gottes – GOTT LEIDET. Und hier sind wir bei der enormen Verehrung des Heiligen Herzens, die für mich den tiefsten Ausdruck christlicher Wahrheit bedeutet, wobei ich bedaure, wie furchtbar dieser Gegenstand durch Volksfrömmigkeit und Volkskunst verkitscht worden ist, aber darüber muß man hinwegsehen können. Die Lanze eines Soldaten durchbohrt den Gekreuzigten und erreicht sein Herz! Ja, das Böse des Menschen trifft Gott bis ins Herz und macht ihn leiden. Der persönliche Gott ist ein Gott, der mit jeder Empfindung des Menschen vibriert, mit all unserem Tun und Sein. Er hält nicht göttliche Distanz, dieser Gott der Inkarnation! Er bleibt nicht gleichgültig und unerreichbar, sondern meine Freuden erheben ihn, meine Leiden zerreißen ihn, meine Einsamkeit drückt ihn nieder, meine Sünde verwundet sein Herz, und meine Einsicht und neue Erkenntnis erfüllen es mit seliger Freude. Mein Gebet und meine innige Bindung an ihn gleichen seine Einsamkeit aus, jene Einsamkeit, die er einberechnet hatte, als er den Menschen erfand und ihn mit einem Raum eigener Freiheit beschenkte.

Gott sprach mit Adam, Gott sprach mit Kain, Gott sprach und plante mit Noah. Gott sprach mit Abraham mehrmals und plante mit ihm. Gott pilgerte 40 Jahre mit seinem Volk durch die Wüste, es nicht nur führend, sondern bei ihm bleibend unter dem Symbol der Bundeslade, der beiden steinernen Gesetzestafeln Jahwes, Zeichen seiner wahren Anwesenheit und Vorläufer unseres Tabernakels mit der Realpräsenz Christi. Ja, Gott spürt in seinem liebenden Herzen, was den Menschen beschäftigt, so wie das Herz des Liebenden sich immer mit dem Herzen des Geliebten beschäftigt. Deshalb ist unser Leben sein Leben, deshalb ist unsere Tragik seine Tragik, deshalb ist die Menschheitsgeschichte seine Geschichte und damit heilig, heilig, heilig! Denn Gott lebt sie mit dem Menschen gemeinsam. Unsere Geschichte ist zu einer dramatischen Liebesgeschichte mit unserem Schöpfer geworden, Gott wird den Menschen bis zur letzten Stunde mit seiner Liebe verfolgen.

• EINE UNENDLICHE LIEBESGESCHICHTE

Mit den großen Prophetengestalten haben wir am stärksten erfahren, wieviel die göttliche Liebe mit dem Menschen versucht hat und fühlen, was er ihr bedeutet. Hier wird noch etwas anderes deutlich als die Liebe des Schöpfers zu seinem Geschöpf oder die Liebe des Vaters zu seinen Gotteskindern, denn es ist ein bräutliches Liebeswerben in all seiner leidenschaftlichen Intensität. Wer imstande ist, diese Akzente bei einem Jesaja, Hosea, Jeremia oder Ezechiel zusammenschauend herauszulesen – ganz zu schweigen von der unvergleichlichen Liebesdichtung des Hohen Liedes –, wer durch meditatives Eintauchen fähig wird, in diesen Texten die PERSÖNLICHE GOTTESLIEBE zu erfassen, dieser wird viele andere Dinge auch begreifen können. Der Prophet Hosea ist der erste unter ihnen, der die persönliche Liebe Gottes zum Einzelgeschöpf mit Leidenschaft verkündet hat, er spricht vom Verlangen Gottes nach dem Menschen.

> *„Ich traue dich mir an auf ewig, ich traue dich mir an um den Brautpreis von Gerechtigkeit und Recht, von Liebe und Erbarmen. Ich traue dich mir an um*

den Brautpreis meiner Treue. Dann wirst du den Herrn erkennen."

(Hosea 2,21–22)

Gott hat sich die Menschheit als seinen Liebespartner erwählt und ihn geehelicht, wir sind seine bessere Hälfte. Ich stelle mir Gott vor der Erschaffung des Menschen einsam vor, einsam wie Adam trotz aller Paradiesesfülle, denn jedes geistige Wesen muß Austausch haben. Gott braucht den geistigen Partner, er braucht Sie, meine Freunde! Er braucht unsere Menschenliebe, unsere Wärme und Güte, er braucht unsere Nähe im Gespräch, das wir Gebet genannt haben, er braucht unseren Blick, den er erwidern möchte, unser Lächeln, das ihn beglückt – und er braucht unsere Mitarbeit am Gottesreich.

Ich höre die Intellektuellen unter uns ..., ich sehe, wie sie all das als Hirngespinste vom Tisch fegen. Und ich sehe auch manche Überfrommen, die energisch bestreiten wollen, daß Gott uns braucht. Sie argumentieren: Der Schöpfer kann sein Geschöpf nicht nötig haben, weil damit seine Hoheit verlösche. Auch im Arabischen spricht man von Gott als dem Reichen, *„el-ghaniy"*, der niemanden und nichts braucht, das seiner unantastbaren Vollkommenheit auch nur ein Atom hinzufügen könnte. Doch unsere christliche Offenbarung lehrt uns etwas Zusätzliches, sie lehrt die Selbsteinschränkung Gottes zugunsten des Menschen, weil er ihn liebt. In seiner erhabenen Freiheit hat Gott sich dafür entschieden, den Menschen nötig zu haben, und damit hat er sich in gewisser Weise vom Menschen abhängig gemacht. Sollte das tatsächlich wahr sein?...

Theoretisch und logisch betrachtet, ist Gott freilich der sich Selbstgenügende und fest in sich Ruhende, weil er die Fülle des Seins ist. Doch das ist philosophisches Nachdenken über Gott und nicht GOTTESERFAHRUNG. Gott ist weder ein Gott alter noch neuer Philosophen, sondern ein Gott der Liebe. Das ist die Offenbarung des Christentums, und sie sprengt augenblicklich alle philosophischen Konzepte von einem in sich geschlossenen und verschlossenen Gotteswesen, vollkommen zwar, aber in seiner Vollkommenheit für den Menschen unerreichbar und daher letztlich unverstehbar. Halten wir uns besser an die „Feuernacht" Pascals, eines nicht rechnenden, sondern schauenden Philosophen, dem ein anderer, nämlich Nietzsche, *„Glut, Geist und Redlichkeit"* bescheinigte und ihn *„den ersten aller Christen"* nannte. In jener „Feuernacht" brach Pascals wahres Erkennen unter Tränen durch und erleuchtete ihn: *„Gewißheit! Gewißheit! Jesus Christus, Jesus Christus! Und nicht der Gott der Philosophen und Gelehrten!"*... Pascals MYSTISCHE GANZHEITSSCHAU ist christozentrisch, sie umgreift den Mikrokosmos, den Makrokosmos, den Menschen zwischen diesem *„unendlich Kleinen und dem unendlich Großen"*, wie er es nennt, und überall anwesend den persönlichen Gott, offenbar geworden in Jesus Christus, sichtbares Abbild des unsichtbaren, aber nahen Gottes – und gewiß nicht das Resultat philosophischer Spekulationen.

Ich weiß, daß ich mich nicht irre, daß über alle Göttlichkeit Gottes noch hinausragend die LIEBE steht, denn Krippe und Kreuz haben uns das bewiesen. Die Liebe ist sogar die Bedingung für alle Göttlichkeit. Weil Gott Liebe ist, deshalb muß er auch die Liebesseligkeit in der lebendigen Wechselbeziehung zwischen zwei Wesen erfinden – und ihre daraus folgernde Abhängigkeit voneinander. Es gibt keine echte Liebe ohne Gegenseitigkeit, weder unter uns Menschen noch zwischen Gott und dem Menschen. Also braucht nicht nur die Menschenseele die Gottheit, sondern ebenso Gott den Menschen! Doch Liebe schafft auch Leiden...

• DIE WUNDE IM HERZEN GOTTES

Angesichts der Wunde im Herzen Gottes offenbart sich uns der Sinn der Sünde, denn diese Wunde ist der Mensch. Sünde ist nicht nur Unwissenheit, Irrtum, menschliche Schwäche, gelegentliches Ausgleiten oder Abstürzen des Menschen, vor allem ist Sünde nicht nur meine Verantwortung und mich betreffende Schuld, sondern vorrangig ist sie eine Be-Leidigung dessen, der an ihr LEIDEN muß. Mein

Verhalten trifft den liebenden Gott tief persönlich, und hier verstehen wir die Begriffe wie Abbitte, Sühne, Genugtuung, Wiedergutmachung, die uns in der Spiritualität der Herz-Jesu-Verehrung nur zu oft Schwierigkeiten gemacht haben. Doch ins rechte Licht gestellt und liebend durchdacht, klärt sich ihr Sinn: Es geht um das Verlangen Gottes nach dem Menschen, der sich in der Sünde von ihm entfernt, denn es geht um die Notwendigkeit der menschlichen Nähe für das göttliche Sein.

„Meine Seele ist zu Tode betrübt,
bleibt hier und wacht mit mir."

(Matthäus 26,38)

Dieses starke Bedürfnis Jesu am Ölberg, in jener furchtbaren Nacht seine Apostel wachend, nicht schlafend, bei sich zu haben, war seine ängstliche Bitte um Mit-Leid – und das ist keineswegs eine Stilfrage der Evangelientexte, meine lieben Freunde, sondern eine der bewegendsten Äußerungen des göttlichen Liebesmysteriums, dort, wo es uns fast unverständlich wird. Doch Gott braucht tatsächlich den Menschen, er braucht ihn so sehr, daß er sich noch tiefer als dieser sinken ließ, um von ihm erreicht werden zu können. Und er wurde erreicht, er wurde verlacht, bespieen, geschlagen, geschunden, gekreuzigt, und sein Herz wurde durchbohrt! Nach der Entfernung des Menschen aus dem göttlichen Bereich suchte Gott IM EIGENEN LEIDEN DEN STÄRKSTEN KONTAKT MIT DEM MENSCHEN. Hier offenbart sich mir das heilsgeschichtliche Mysterium des leidenden Herzens von Golgotha.

„In diesem Herzen finden wir
die Summe des ganzen Geheimnisses
unserer Erlösung."

(Papst Pius XII, 1956)

Reflektieren wir hier noch einmal über den Sinn des biblischen Mythos: Adam bekam von Gott in einer Schaffensekstase ein Wesen geschenkt, nach dem er verlangt hatte; es wurde seinem eigenen Leib entnommen, weshalb Adam eine offene Wunde behielt, die sich im Sexualtrieb manifestiert – eine Rückerinnerung an die Ur-Einheit des Menschen. Aber so wie das eine Geschlecht dem anderen entnommen wurde, so wurde der Mensch ursprünglich Gott entnommen. Der Mensch ist ein Teil Gottes, und insofern ist es falsch zu sagen, er habe uns aus dem Nichts erschaffen, denn dieses Nichts hat es niemals gegeben, sondern nur den ewigen Gott, der uns aus seiner eigenen „organischen Substanz" entnahm, wir sind sein Fleisch und Blut, wir sind Gottessöhne, Gottestöchter, Gottesgeliebte! Doch hat diese Menschengeburt in Gott eine Wunde hinterlassen, die sich umso mehr vertieft, als sich der Mensch von seinem Urbild der Ganzheit bei und in Gott entfernt –

„Das Land hurt unablässig vom Herrn weg."

(Hosea 1,2)

Deshalb ist nur er, der Mensch, imstande, diese Wunde zu schließen und zu heilen. So weit müssen wir gehen, um das brennende Verlangen Gottes nach uns Menschen zu erahnen, denn rasch und leichthin betrachtet, wäre dies alles nicht zu begreifen. Die christliche Offenbarung zerbricht mit einem Schlag den festgesteckten Rahmen unserer klassischen Philosophie und anderer streng logischen und metaphysischen Denkweisen, um uns ins Zentrum dieses göttlichen Liebesgeheimnisses hineinzuwerfen, wo wir fraglos verstummen. Allenfalls versuchen wir dann zu beten:

„UND ES TAT SEINEM HERZEN WEH" (Genesis 6,6b)

Herr, ich weiß, Du trägst an einer Wunde,
die nur ich schließen und heilen kann,
denn ich selbst bin diese Wunde.

Ich bin Deine Sehnsucht,
ich, der ich nichts bin,
weniger als das von Dir Erschaffene:
Schwächling und Sünder.

Dennoch liebst Du mich,
und diese Liebe hat Dich verwundbar gemacht
seit aller Zeit,
und ich frage mich:

Warum erreicht einen Gott meine Sünde?
Weil ich ihm unersetzlich bin
in seiner Liebe,
daher schmerzt ihn mein falsches Verhalten.

Ich verstehe:
Weil ich Dein Sohn bin, Deine Tochter,
Dein Geliebter, Deine Geliebte,
deshalb verwundet meine Sünde Dein Herz.

Das ist der PERSÖNLICHE GOTT, meine lieben Freunde, und diese Erkenntnis macht uns die tiefe Herz-Jesu-Verehrung in der religiösen Geschichte der Christenheit verständlich. Ja, dieses Gottesherz ist für den Menschen erreichbar, verwundbar, durchbohrbar. Und alles, was mir noch an unausdenkbarem, persönlichem Leid widerfahren könnte, erreicht in derselben Wucht und Tiefe das Gottwesen, meinen Ursprung, weil es mich liebt. Mein gesamtes, aktives Wesen dringt ein in das göttliche Wesen, und es wird Augenblick um Augenblick dort erwartet! Gott hofft auf die Liebe des Menschen. Ohnmächtig, nicht allmächtig ist dieses Gottesherz gegenüber dem freien Menschen. In keiner Weise vermag es unsere Gegenliebe zu erzwingen, es kann sie nur still ersehnen:

> *„Ich stehe vor der Tür und klopfe an. Wenn jemand meine Stimme hört und mir die Tür öffnet, zu dem gehe ich hinein und halte mit ihm Mahl und er mit mir."*

(Offenbarung 3,20)

Das ist die Diskretion eines persönlichen Gottes, der sich uns nur bittend nähert, der anklopft und wartet, ob ihm aufgetan wird oder nicht. Wenn ja, dann gibt es ein Essen zu zweit und ein Tête-à-tête von Liebenden.

• DIE INKARNATION, KREUZPUNKT BEIDERSEITIGEN VERLANGENS

Der Kulminationspunkt der „Liebesverfolgung" des Menschen durch seinen Gott ist die Inkarnation, Gott kommt und wird Mensch. Jetzt nicht mehr als ein Zeichen, sondern als wahrhaftige Anwesenheit, nicht mehr als weganzeigende Feuersäule, die sein Volk durch die Wüste geleitet, und nicht mehr als heilige Bundeslade, die mitgeführt wird, nicht mehr als die geisterleuchtete Prophetenstimme, sondern ER SELBST in der Gestalt des Menschen. Er kommt und gibt sich uns hin in einer hochzeitlichen Vereinigung, denn er ist der GOTTMENSCH Christus:

> *„...und das WORT ist Fleisch geworden und hat unter uns gewohnt, und wir haben seine Herrlichkeit gesehen."*
>
> (Johannes 1,14a)

Wenn wir alljährlich das Fest der Verkündigung feiern, dann erinnern wir uns an einen einmaligen Augenblick in der Geschichte der Menschheit, in dem sich die Sehnsucht der Menschen nach Gott und die Sehnsucht Gottes nach dem Menschen in dem reinen jungen Mädchen Maria getroffen haben. Die ungeheure Erwartung unzähliger Menschengeschlechter:

> *„Reiß doch den Himmel auf und komm herab!"*
>
> (Jesaja 63,19b)

hatte sich über Jahrtausende einen Weg geschaffen und sich im Volk der Israeliten mehr und mehr verdichtet und dort wiederum in dem kleinen Reststamm der ANAWIM (die Armen Jahwes). Maria war die letzte dieses israelitischen Stammes, und in diesem jungfräulichen Herzen hatte die Erwartung des Erlösers ihren Höhepunkt gefunden. Zugleich aber kulminierte und erfüllte sich auch die Sehnsucht Gottes nach dem Menschen, den er verloren hatte. Maria, Jungfrau, zurückkehrende Eva, Mutter des neuen Adam, Muttergottes – VOLL DER GNADEN...

Die Jungfräulichkeit Mariens ist wohl kaum, wie wir immer wieder annehmen wollen, in erster Linie ein physisch-biologisches Prädikat – besonders bei uns im Orient legt man auf diesen materiellen Aspekt außerordentlichen Wert mit viel verbaler Betonung. Ich glaube, daß der Begriff der Jungfräulichkeit etwas sehr viel tiefer Liegendes bedeutet, es ist die seelische Verfassung eines WARTENDEN HERZENS. Vor allem ist sie, und das scheint mir das Wesentliche überhaupt, eine RADIKALE GOTTESWAHL, sie ist dieses totale JA, das für Gott stimmt und ihn allem anderen vorzieht. Im jungfräulichen Marienwesen öffnet sich das menschliche Geschöpf seinem Schöpfer vorbehaltlos, es ist die bedingungslose Hinwendung, welche die Menschwerdung Gottes ermöglicht hat. Maria ist Gottesmutter, weil sie Jungfrau ist, die Mutter ihres Schöpfers... Mysterium!

• DAS AMEN MARIENS UND DAS AMEN EINES JEDEN VON UNS

Welches ist wohl die erste Kommunion der Geschichte, die Ur-Kommunion der Menschheit? Es ist die Menschwerdung Gottes in Maria, denn in ihr hat die gesamte Menschheit Gott bejaht und angenommen. Die Zustimmung war spontan und unmißverständlich klar gewesen:

> *„Da sagte Maria: ‚Ich bin die Magd des Herrn, mir geschehe wie Du es gesagt hast.' Danach verließ sie der Engel."*
>
> (Lukas 1,38)

Im Namen der Menschheit, im Namen der Christenheit und im Namen jeder Einzelperson hat Maria damals ihr AMEN gegeben, ihr JA-Wort. Heißt das aber, sie habe unser individuelles JA damit vollgültig eingelöst und vorweggenommen? Wie kann jemand für einen andern eine Zustimmung geben? Niemand kann das! Wenn Maria am Tag der Verkündigung diese stellvertretende Rolle angenommen hat, dann als leuchtende Figur und Leitstern der Völker, als Symbolgestalt unserer Kirche. Was aber noch ausbleibt, das ist dasselbe totale, jetzt aber globale JA der Menschen, in das dieses große Marienwort durch jeden einzelnen persönlich umgeprägt werden muß – und das geschieht im Augenblick der Kommunion. Wir sprechen demnach vom einwilligenden AMEN Mariens und vom Mitwillen und AMEN des Menschen, weil jede neue Kommunion eine neue Verkündigung ist. Der Engel Gabriel nähert sich dann auch Ihnen, meine lieben Freunde, um Ihnen die Gottesgeburt anzukündigen, wenn Sie innerlich empfangsbereit vor den Altar hintreten und Ihnen der LEIB CHRISTI gereicht wird. In der koptisch-orthodoxen Messe Ägyptens antworten die Gläubigen auf das gespendete Sakrament:

> *„Gassad wa dam Immanuil ilahuna haza houwa bil hakikati. Amin."*
> (Das ist wahrhaft Leib und Blut des Immanuel, unseres Gottes. Amen.)

Hier bekräftigen die Kopten, daß der Name Jesu „Gott mit uns" bedeutet, ich finde das sehr schön! In diesem entscheidenden Moment wird auf den Wesenskern des Geschehens hingewiesen, ich werde persönlich angesprochen und eingeladen, mein eigenes AMEN zu geben, damit sich das WORT auch in mir inkarnieren kann, mein Fleisch und Blut werde und sich die Menschwerdung Gottes erneuere. Ich zitiere den bedeutenden anglikanischen Religionsphilosophen Alan Watts († 1973) in seinem Buch *„Nimm den Geist wahr! Studie über die Notwendigkeit einer mystischen Religion"* (New York 1971):

> *„Das institutionalisierte Christentum hat die Möglichkeit noch nicht bedacht, daß das spirituelle und kosmische Bewußtsein Jesu das Bewußtsein aller Christen sein könnte.(…) Man hat Jesus auf ein hohes Postament gestellt und läßt ihm dort eine derartige Verehrung angedeihen, die ihn schließlich von unserem Menschsein isoliert hält. Die Religion DES Jesus ist eine Religion ÜBER Jesus geworden.(…) Die Christen wagen es nicht zu glauben, daß sie, wie es Johannes gelehrt hat, die Möglichkeit bekommen*

haben, Gottessöhne zu werden.(...) Und wenn wir den Worten des heiligen Anastasius von Alexandrien Glauben schenken, GOTT IST MENSCH GEWORDEN, DAMIT DER MENSCH GOTT WERDE, dann geschieht dies mit Bestimmtheit aufgrund der Inkarnation, der Offenbarung des ewig wirksamen WORTES und der tatsächlichen Gottesvereinigung, nicht aber nur zwischen Gott und Jesus, sondern zwischen Gott und dem Menschen sowie der Gesamtheit der Schöpfung. An dieser Stelle finden wir Raum für eine authentische Mystik innerhalb des Christentums."

(A. W.)

Insofern ist die Eucharistie die Ausdehnung eines leuchtenden Punktes in Raum und Zeit, sie ist die Erweiterung eines einzigartigen historischen Ereignisses vor 2000 Jahren in Palästina, das sich aber ständig neugestalten und in jedem von uns personalisieren muß. Ihre volle Dimension kann die Inkarnation nur erhalten, um vollkommen „durchzuschlagen", wenn sie von jedem Menschen individuell angenommen und bestätigt wird. Und das genau wird inzwischen von unzähligen Menschengeschlechtern in der Eucharistie getan, die millionenfach an allen Altären der Welt geglaubt, bestätigt und gefeiert wird. Jede einzelne Kommunion bedeutet Nachvollzug und Fortsetzung der ersten historischen Kommunion der jungen Maria. Jedes einzelne AMEN, das wir Menschen flüsternd geben, ist das leise Echo auf das erste AMEN in Nazaret.

• EIN PROGRAMM FORTSCHREITENDER INTEGRATION

Der Mensch ist ein Programm fortschreitender Integration durch die Liebe. Jeder von uns ist Teil dieses Weltprogrammes, das realisiert werden muß, wir sind alle betroffen, an jeden von uns ergeht dieser persönliche Gottesruf. Auftrag und Bestimmung jedes Menschen ist es, innerhalb seines kurzen, individuellen Lebens, seines schmalen und begrenzten Rahmens, an dieser universalen Mission teilzunehmen. Keiner ist ausgenommen! Selbst der gesundheitlich Schwache, der arme oder alte Mensch wird dringend gebraucht, und jeder hat seine Möglichkeiten und Gaben – auch wenn er nur dem Paulus-Appell nachkommen kann *„Betet ohne Unterlaß!"*, dann kann das sehr viel sein! Solange ein Mensch noch atmen und denken kann, solange ist ihm auch die Möglichkeit gegeben, sich ernsthaft zu engagieren und sich auf irgendeine Weise in dieses Programm einzuschalten.

Das Ziel dieses Weltprogrammes ist die langsame Heranbildung der WAHREN MENSCHHEIT, des Menschen im vollen Sinn. Und jeder Einzelne verwirklicht sich, was wir schon erörtert haben, nur in der Gemeinschaft, der eine im andern und innerhalb seiner bestimmten Lebenskreise, in die er eingebunden lebt. Das Programm ist von ungeheurem Ausmaß in seiner Weite und Tiefe. Vergessen wir auch nicht die Myriaden von Frauen und Männern, die vor uns lebten und die noch nach uns kommen werden, diese ganz unvorstellbare Zahl menschlicher Wesen, denn wir bauen uns auch am Geschichtlichen auf, an anderen Völkern und fremden Kulturen, wir alle sind miteinander verflochten zu einem lebenden Netz, durch dessen Adern jede menschliche Erfahrung weitergeleitet wird.

Und hier scheint uns unsere persönliche Mitverantwortung auf, die ich den GOTTESRUF nenne, der an jedes Adamskind ergeht, denn jedes einzelne Glied dieser durch die Jahrmillionen dahinziehenden Menschenkette ist verpflichtet, seinen Beitrag zu leisten und seine Existenz als einen sinnreichen Auftrag zu verstehen. Die vielbesungene individuelle Selbstverwirklichung ist notwendig und gut, doch allein genügt sie nicht, wenn sie nicht auch dem Ganzen dient; wir sind Bausteine, und jeder Baustein, sei es der kostbarste, bezieht nur aus dem gesamten Baugefüge seinen Wert. Wir Menschen sind schillernde Bausteine einer großen und wunderbaren Weltgemeinschaft.

Bewußt oder unbewußt, das Ideal dieses verwirklichten Menschheitsprogrammes trägt jeder von uns in der Seele, die nach dem vollkommenen Menschen verlangt und ihn schaffen will! Deshalb sage ich jedem: Die Natur hat Dich nötig, auch Du bist gerufen, auch Du bist fähig! Ein inhaltsreicher Blick im rechten Moment kann eine Lawine des Guten auslösen, eine einzige positive Geste kann etwas in Bewegung bringen, ein Funke Intelligenz, eine Herzensregung! Durch alle guten Gaben jeder Frau und jedes Mannes dieser Erde wird ein Teilprogramm zur Verwirklichung gebracht. Dennoch wirst Du mich fragen:

> *„Wie soll ich unscheinbares Etwas ohne Namen auch nur den geringsten Beitrag zum Gelingen eines solchen Universalprogrammes leisten?"*

und ich werde Dir antworten:

> *„In der geheimen Macht der Liebe, Deinem göttlichen Grund! Im lebendigen Austausch mit dem anderen, denn Du bist eine Zelle!"*

Denn es ist die Liebe, die alle kreativen Anregungen in der Beziehung zwischen den Menschen erfand. Denn es ist der Geist der Liebe, der dieses wunderbare Geben und Nehmen inspiriert. Im gleichmäßigen Strom von Sympathie, Liebe und Güte vollzieht sich der große Austausch aller Gaben und Talente, die jedem von uns als ein Kapital in die Wiege gelegt und zur fruchttragenden Verwaltung in die Hände gegeben wurden. Deshalb darf sich, wenn ich wahrhaft MENSCH werden möchte, meine Lebensenergie nicht darin erschöpfen, mein individuelles Lebensprojekt mit Stolz und Elan durchzuziehen. Meine berauschende Eigenfreude wäre zu wenig, denn selbst das beste Gelingen im Rampenlicht eines spektakulären Erfolges wäre nur ein Wimpernschlag im gesamtgeschichtlichen Menschheitsprogramm, das dadurch kaum beeinflußt würde und vorwärtskäme. Nein, ich darf meine persönlichen Gaben nicht nur zum eigenen Wohlbefinden verbrauchen, sondern muß sie großzügig der Allgemeinheit zur Teilhabe anbieten. Andererseits muß auch ich mich offenhalten für die Gaben der andern, von denen ich nehmen darf und nehmen soll! So bauen wir im fruchtbaren Austausch in der Einheit das Ganze, und jeder ist ein Gerufener.

All das, meine lieben Freunde, hat mit Liebe zu tun. Man ist eben nur dann wirklich Mensch, wenn man zu lieben versteht, und das heißt gut geben und auch gut empfangen können. Nur im Liebesaustausch wird ein Mensch zum sinnvollen Teil des großen Lebensstromes der Menschheit. Wir einzelnen sind Moleküle und Zellen, die durch Raum und Zeit, d. h. mittels unserer Geschichte, den MYSTISCHEN LEIB heranbilden, dessen historischer Leib in Palästina nur ein winziger Keimling gewesen war. Während dieser Zwischenzeit spielt der eucharistische Leib Christi die verbindende Rolle, oder er ist dieser Übergang selbst, worüber wir noch eingehend sprechen werden. Die Eucharistie ist letztlich das Instrument und das Gnadenmittel, wodurch Christus durch fortschreitende Verdichtung eines Tages seine volle Größe erreicht haben wird, und *„Gott alles in allem sein wird“* (I Kor. 15,28).

• DER MYSTISCHE LEIB WÄCHST...

Im Wunder des eucharistischen Mahles erfahren wir das einzigartige Zeichen einer einzigartigen göttlichen Geste, die in ihrer Vollkommenheit um jeden von uns wirbt. Die Eucharistie ist die Individualisierung einer kosmischen Liebe, die eben auch persönlich ist und dieses persönliche Verhältnis zwischen zwei Wesen besiegelt, es ist die Liebe des persönlichen Gottes zum einzelnen Menschen.

So vollzieht sich die MYSTISCHE HOCHZEIT alle Minuten auf unserer Erde zur weltweiten Feier der Eucharistie, bevor sie sich einmal in aller Herrlichkeit und Fülle offenbaren wird. Diesen Zustand haben wir Parusie genannt, es ist dieses strahlende Hervortreten Gottes aus dem Verborgenen. Bis dahin verwirklicht Christus seine leibliche Vereinigung (franz. „union charnelle“) mit jedem einzelnen von uns als einen Ehevollzug mittels der beiden Gestalten Brot und Wein, aufgenommen vom zustimmenden Menschen als sein

Fleisch und Blut. Während der Kommunion mit Christus werden wir in der Ordnung der Übernatur zu einem Fleisch.

„So sind sie also nicht mehr zwei,
vielmehr ein einziges Fleisch."

(Matthäus 19,6)

Auch Christus kann von seiner Kirche sagen, was Adam nach der Erschaffung seiner Eva sagte:

„Bein von meinem Bein und Fleisch
von meinem Fleisch."

(Genesis 2,23)

In der Eucharistie konvergiert dieses Liebesverlangen, dieses Geben und Nehmen, wovon wir sprachen, beispielhaft und konkret im gottmenschlichen Austausch und mündet ein in die vollkommene Einswerdung (franz. „union totale"). Diese Vereinigung allen Seins, die Gott, den Menschen und die Schöpfung umfaßt, wird keine Macht der Welt mehr lösen können. Denn *„wer"*, fragt Paulus, *„könnte uns jemals von der Liebe Christi scheiden?"*... Und ich höre Christus selbst sprechen:

„Ich bin der gute Hirte."

(Johannes 10,11)

Denn die Eucharistie ist der Beginn dieser Hirtenfunktion, sie bedeutet diese fortschreitende Integration der Menschen, einen nach dem andern, in diesen einen Pol, zu dem alles hinfließt und hindrängt, in dem sich alles sammelt: im CHRISTUSPOL. Er ist der einzige Integrationspol, der fähig ist, alle Menschen zu vereinen und sie tatsächlich einswerden zu lassen. Diese neugeborene Menschheit, in der noch nicht sichtbar gewordenen Einheit, ist seit der ersten historischen Eucharistiefeier in Jerusalem nicht mehr von derselben Ordnung wie bisher, sie ist auch kein großartiger Zusammenschluß von Gleichartigem, sondern etwas Neues, das sie durch ihre eigene Selbstüberschreitung und ihr Ausgerichtetsein auf diesen höheren Pol hin schaffen wird! Dieser überlegene Pol zieht uns menschlichen Moleküle zwar an, doch müssen wir zustimmen und uns anziehen lassen!

UNSERE MITARBEIT IST
UNSERE SELBSTÜBERWINDUNG

bei jedem Selbstvergessen zugunsten eines andern, bei jeder Form von restloser Hingabe an Gott, an einen Menschen – oder an viele.

Transzendieren kann der Mensch nur im Akt seiner Selbstüberschreitung, und es ist die Transzendenz Gottes, die ihn dazu aufruft. Die Wörter „rufen" und „Berufung" sind nahezu gleichbedeutend, es ist unsere Berufung zu wachsen. Der „echte Kerl", der wahrhaft gütige, hilfsbereite Mensch, der sich selber zurücksteckt, befindet sich immer jenseits seinerselbst, weil Gott, sein Ursprung, transzendent ist und demnach auch jenseits seinerselbst lebt und wirkt. Für diese Transzendenz ist das menschliche Wesen geschaffen worden – und das ist das Herrliche!... Hören wir, wie überaus schlicht Jesus diesen essentiellen Tatbestand formuliert hat:

„Ihr sollt vollkommen sein, wie euer
himmlischer Vater vollkommen ist."

(Matthäus 5,48)

Von sämtliche Moscheen der Arabischen Welt wird innerhalb der 24 Stunden viele Male und unüberhörbar durch Minarett-Mikrofone verstärkt ein Ruf weithin ins Land getragen: „ALLAH AKBAR! ALLAH AKBAR!" Was heißt das? *„Allah ist groß"* kann es nicht heißen, denn das arabische Adjektiv für „groß" ist KEBIR, und diese Wendung wäre dem Moslem völlig unzureichend. Es kann aber auch nicht heißen *„Allah ist der größte"*, denn dann würde man sagen ALLAH EL KEBIR, und auch das wäre unzureichend und unzulässig, weil man Gott damit in Beziehung zu allen natürlichen Größen setzte, die der Mensch kennt. Doch die Form ALLAH AKBAR, wie wir sie hören, läßt alles offen für eine Steigerung ins Unendliche, ins Transzendente. So heißt der große Ruf von den Moscheen: *„Allah ... größer!"* Das ist sprachlich etwas Außerordentliches, weil es in unserer Gott-Mensch-Einheit an den kontinuierlichen Überwindungsprozeß zur Transzendenz hin denken läßt. Gleichzeitig ergeht mit diesen beiden Wörtern, die auch auf sämtlichen Radiowellen der islamischen Welt zu hören sind, der Aufruf an die unermüdliche Selbstüberwindung der Gläubigen, an ihre spirituelle und menschliche Wachstumsbereitschaft, die ohne Ende ist und ohne Vergleiche – es sei denn mit der vorbildlichen göttlichen Vollkommenheit, wie Jesus es formuliert hat.

Vor einiger Zeit hatten wir in unserer Jesuitenkirche in Alexandria einen französischen Kirchenchoral im Programm, dessen Text mir gefiel. Derselbe Aufruf zu Selbstüberwindung und Wachstum:

„Va plus loin, va plus loin,
même si tu te crois arrivés,
va plus loin, va plus loin,
ton voyage est à peine commencé."

(Geh noch weiter, geh noch weiter,
wenn du glaubst, du seist angekommen,
geh noch weiter, geh noch weiter,
deine Reise hat soeben begonnen.)

So wird auch keine menschliche Liebe jemals gelingen ohne den Selbstverzicht beider Partner, und DAS KIND in ihrer Mitte leistet dabei einen glücklichen Dienst. Das Kind repräsentiert einen Transzendenzpunkt, jenen wichtigen höheren Pol, in dem sich Mann und Frau auf anderer Ebene und IN HÖHERER ORDNUNG neu begegnen – ganz anders als vor der Geburt ihres Kindes. Dieser Punkt liegt jenseits ihres eigenen, engen Rahmens – das ist das Entscheidende! So dürfen wir das Kind ein Symbol der gesamtgeschichtlichen Höherentwicklung nennen, ein Symbol dieses letzten Brennpunktes, dem

OMEGA DER GESCHICHTE,

in dem sich alle Menschen eines Tages, tief miteinander vereint, wiederfinden werden. Dann haben wir die Vollendung der natürlichen und der übernatürlichen Welt in der Einheit, dann stehen wir in der Parusie und erleben an Mensch und Welt das Heilsereignis, das uns verheißen ist.

Betrachten wir deshalb jedes Kind als Träger der Welt von morgen, als Träger der neuen Schöpfung. Eine Gesellschaft wiegt so viel wie eines ihrer Neugeborenen, ihr Wert ist am Wert dieses einen Kindes abzulesen. Denn was ist das Gewicht eines einzelnen Kindes? Wiegt es nicht schwerer als unsere Erde mit ihren Planeten? Enthält ein Kind nicht das Gewicht Gottes, das Gewicht des Unendlichen?

Das Sakrament des Nächsten

Meine lieben Freunde, nach allem was wir bisher zusammengetragen haben, werden wir verstehen, weshalb die Kommunion mit dem wahrhaft gegenwärtigen Christus zugleich die Kommunion mit der Menschheit bedeutet. Unsere Teilnahme am Eucharistischen Leib Christi während der Messe bedeutet unsere Teilnahme am Mystischen Leib Christi. Versuchen wir nun heute, dasselbe von der anderen Seite her zu betrachten, um gut zu erkennen, warum diese Teilnahme am Mystischen Leib gleichbedeutend mit dem ist, was wir während der Messe an uns erfahren, denn dabei werden wir noch eine neue Erkenntnis gewinnen: Die Meßfeier „drinnen" und die Nächstenliebe „draußen" sind beide ein- und derselbe LIEBESDIENST, es besteht eine dialektische Beziehung, ein dynamisches Hin und Her zwischen beiden, weil das eine ständig auf das andere verweist.

• FREUNDE BITTEN FREUNDE ZU TISCH

Es geschah während einer Abendmahlzeit unter Freunden, als Jesus plötzlich die Eucharistie feierte. Die Eucharistie wurde zum Bestandteil jener Stunde, in der dieser bestimmte Kreis von Menschen um ihn eine besondere Art von Tischgemeinschaft gegründet hatte – in der Freude des Sichverstehens und des Miteinanderteilens. Seit diesem Jerusalemer Abend wurde die Eucharistie zum feierlichen Teil eines ganz normalen, sättigenden Gemeinschaftsmahles, sodaß die Urgemeinden diese Sitte während der ersten Jahrhunderte beibehielten und bis etwa ins 7. Jahrhundert weitergaben. Es ging ihnen um den Geist geschwisterlichen Beisam-

menseins und Teilens einer Mahlzeit, die in die heilige Kommunion integriert wurde.
Zwischen der Geistigkeit einer Freundschaft und eines gemeinsam eingenommenen Mahles besteht einge Beziehung. Freunde bitten Freunde zu Tisch. Wir kennen in der französischen Sprache für Gefährte, Kamerad, Begleiter das Wort COMPAGNON, in der deutschen Sprache KUMPAN, in beiden Wörtern ist „das Brot“ enthalten, denn es geht auf das lateinische COM PANIS zurück. Noch deutlicher wird es beim französischen Wort für den nahen, intimen Freund, COPAIN, das man nur zu trennen braucht, um mit dem CO-PAIN das „Mit-Brot“ als liebsten Freund zu haben! Erkennen wir die sprachlich verwurzelte Einheit von Freundschaft und Mahlzeit?

• MESSE UND AGAPE

Dieses Liebesmahl der frühen Christen ist mit dem griechischen Wort AGAPE für „Liebe“ gemeint, auch hier das gemeinsame Sättigungsmahl, in dessen Verlauf die Beteiligten die Eucharistie miteinander gefeiert haben. Brot und Wein wurden bei diesem Mahl also auch sakramental genossen. Bei uns in Ägypten, besonders in den koptischen Dörfern am Nil, lebt dieser Brauch bis in die Gegenwart fort.

Beispiele: Das Dorf Deir-el-Maimun bei der Stadt Beni-Sueif. Im Anschluß an eine Morgenmesse wurde ich einmal kurzerhand Zeuge und Teilnehmer dieser Agape – gleich draußen auf dem Vorplatz der kleinen Kirche. Von mehreren Seiten kamen die Frauen aus ihren Häusern und balancierten aufrechten Ganges schwere Behälter mit dicker, heißer Linsensuppe auf ihren Köpfen, andere brachten in beiden Armen Mengen der frischen Fladenbrote und teilten sie lachend nach allen Richtungen aus. Frauen, Männer und Kinder hockten sich in fröhlichen Grüppchen nieder, und ich hockte mich zu ihnen. Rasch wurden wohriechende Suppennäpfe zu den Gruppen gebracht und in deren Mitte gestellt, und schon riß ein jeder sein Brot in Stücke und tauchte es mit Vergnügen in die Linsen. Und ich dachte: So leben diese Christen hier nach der Messe existentiell das Teilen ihrer ersten Mahlzeit des Tages, so leben sie wahrhaftig die Fortsetzung ihrer Messe.

Aus dem Libanon will ich Ihnen ähnliches erzählen: Meine Mutter war dort in dem kleinen Ort Bhamadun aufgewachsen, ihre Eltern besaßen das weiträumigste Haus, also versammelten sich bei ihnen an den Sonntagen nach der Messe die Gläubigen. Selbstverständlich wurde dieses Beisammensein von einem guten Mittagessen für alle gekrönt, das meine Großeltern angeblich immer sehr gern in dieser geselligen Stimmung serviert haben. Warum starb eigentlich dieser schöne und sinnreiche Brauch? Wollen wir ihn nicht wiedererwecken, damit unsere Gemeinden wie früher Lebensgemeinschaften werden? Wer mag, der bleibt zum Essen da. Unser Sonntagsgottesdienst würde damit in ein farbiges Licht getaucht und in eine ganz andere Dimension aufsteigen. Ich erlebe heute in vielen Pfarrgemeinden des Westens, daß nach der Messe ein Kaffee angeboten wird, und die Menschen gerne bleiben. Das ist schon etwas. Doch warum nicht die Messe zeitlich später ansetzen und das Sonntagsmahl gemeinsam einnehmen? Das würde gewiß nicht nur viele Einsame beglücken, und es müßte sich organisieren lassen... Das wäre mehr als ein Kaffeegeplauder zwischen Tür und Angel und mehr als der Brauch des „Brotes des Segens“ in den orientalischen Kirchen: Am Ende der Messe wird aus einem Korb der Rest der kleinen eucharistischen Gebäcke verteilt, die bei der Gabenbereitung vom zelebrierenden Priester vorgeweiht worden waren, und die Gläubigen dürfen sich dieses „Brot des Segens“ zum Verzehr mit heimnehmen.

• KEIN ABENDMAHLSBERICHT BEI JOHANNES?

Wir sprachen vom Gemeinschaftsmahl der Urgemeinden während der ersten frühchristlichen Jahrhunderte, bei dessen Verlauf gleichzeitig die Eucharistie gefeiert wurde. Nun möchte ich Sie aber auf die Abwesenheit eines Einsetzungsberichts der Eucharistie im Johannesevangelium aufmerksam machen. Im Gegensatz zu den drei Synoptikern – Matthäus, Markus und Lukas – hat der Apostel Johannes die Eucharistie mit keinem Wort erwähnt, obwohl auch bei ihm von einem gemeinsamen Mahl die Rede ist: *„Es fand ein Mahl statt"* (Johannes 13,2a), das ist schon alles! Hat Johannes das heilige Abendmahl vergessen, oder wollte er es verschweigen und aus welchem Grund?... Nein, die Eucharistie ist auch im Johannesevangelium zu finden, doch in einer verblüffend anderen Weise. Der französische Exeget Xavier-Léon Dufour, den wir 1987 auf seiner Vortragsreise hier in Ägypten erlebt haben, hat eine Studie verfaßt, in der er dem selben Gedanken auf der Spur ist. Er meint, daß Johannes in voller Absicht auf die Stiftung der Eucharistie verzichtet habe, um sie bewußt durch die FUSSWASCHUNG zu ersetzen. Die Feierlichkeit und Ausgiebigkeit, in der Johannes von der Fußwaschung berichtet, weist auf die außerordentliche Bedeutung hin, die er ihr beimißt. Durch ihn wird uns klar, daß hier etwas sehr Kostbares, etwas Starkes, etwas Entscheidendes geschieht:

> *„Es war vor dem Osterfest. Jesus wußte, daß seine Stunde für ihn gekommen sei, aus dieser Welt zum Vater hinüberzugehen. Da er die Seinen, die in der Welt waren, liebte, bewies er ihnen seine Liebe bis zum äußersten: Es fand ein Mahl statt..."*
>
> (Johannes 13,1–2a)

Nach einer derart feierlichen Einleitung erwartet jetzt jeder die Einweihung der Jünger bezüglich seiner Selbsthingabe im Todesopfer, die sogleich in den Einsetzungsworten der Eucharistie widerklingen wird. Irrtum! Nichts dergleichen! Lesen wir, was Johannes an ihre Stelle setzt:

> *„Er erhob sich vom Mahle, legte seine Oberkleider ab, nahm ein Linnentuch und legte es sich um. Dann goß er Wasser in das Becken und begann, den Jüngern die Füße zu waschen und sie mit dem Linnentuch, das er sich umgebunden hatte, abzutrocknen(...) Nachdem er ihnen die Füße gewaschen, seine Oberkleider angelegt und sich wieder zu Tisch*

gestzt hatte, sprach er zu ihnen: ‚Versteht ihr, was ich euch getan habe? Ihr nennt mich Meister und Herr, und ihr habt recht, ich bin es. Wenn ich euch nun die Füße gewaschen habe, ich, euer Meister, dann müßt auch ihr einander die Füße waschen. Ein Beispiel habe ich euch gegeben'."

(Johannes 13,4–15)

Ich halte es für wichtig, diesen letzten Satz vom beispielgebenden Jesus dicht an das andere Herrenwort bei Lukas heranzurücken, womit er seinen Bericht von der Einsetzung der Eucharistie beschließt:

„Tut dies zu meinem Gedächtnis."

(Lukas 22,19c)

WAS ICH GETAN HABE, DAS TUT AUCH IHR! In derselben Weise wie ich die Eucharistie gefeiert habe, so sollt auch ihr sie feiern, denn beides gehört zusammen. So wie ich niedergekniet und euch gedient habe, so dient auch ihr einander nach meinem Beispiel.

Eine frappierende Parallele, die signalisieren soll, daß die Fußwaschung nichts anderes ist als die praktische Umsetzung dessen, was die Eucharistie meint und auf andere, auf theologische und feierlich-mystische Weise zum Ausdruck bringt. Vielleicht enthält diese Entscheidung des Johannes eine Vorwarnung an uns, denn es besteht ja doch die Gefahr, daß sich die Eucharistie, ganz auf sich bezogen und in sich gekehrt, als ein Ritus verselbständigt, sodaß sie schließlich keinerlei Beziehung mehr zur täglichen Existenz erkennen läßt. Diese Gefahr ist gegeben, wir unterliegen ihr seit Jahrhunderten, denn der Meßgottesdienst ist für allzuviele nichts weiter als eine angenehme Unterbrechung der Arbeitswoche, während das sonstige Leben als profan gilt, selbst wenn Fußwaschungen praktiziert werden...

EXISTENZRELIGION

Ein Risiko jeder Religion besteht darin, eine vom Leben abgeschnürte Angelegenheit zu werden, es gibt die Religion, doch nur isoliert und alltagsfern, sodaß sie nur mehr ihren Wert in sich selbst besitzt. Diesen tragischen Lebensirrtum wollte Jesus aus dem Bewußtsein lösen, und hier finden wir wohl die Erklärung, weshalb der Apostel Johannes, der seinen Meister bevorzugt gut verstanden hat, sich dafür entschied, besser ausführlichst über die Fußwaschung zu berichten als über die Eucharistie. Damit ersetzt er das Höchste durch das Niederste, einen hoch-heiligen Ritus durch das praktische Niederbeugen und Bereitsein für eine Dienstleistung am andern. Seine Botschaft lautet: Wenn die Eucharistie nicht in Eure Existenzmitte einfällt, dort zum Blühen gebracht wird und von dorther wirkt – als Liebe am andern – dann verliert sie allen Sinn. *„Ein Beispiel habe ich Euch gegeben"*, *„Tut dies zu meinem Gedächtnis"* – das sind Hoffnungen und Forderungen Jesu.

Meine lieben Freunde, wenn wir ernsthaft daran interessiert sind, daß unsere Messe endlich aufhört, eine Flucht aus der Zeit, eine Flucht aus dem Leben zu sein, dann sollten wir uns von ihr drängen lassen, uns dienstbar zu machen. Übungen der Selbstüberwindung, Übungen der Selbsthingabe! Wenn uns der Priester nach den Entlassungsgebeten den Schlußsegen erteilt, dann sollte – neu gestärkt – draußen unsere wahre Lebensmesse beginnen, die Messe der Güte und Hilfsbereitschaft als eine Alltagskommunion mit den andern. Dann könnten wir ehrlichen Gewissens und freudigen Herzens behaupten: Unsere Messe beginnt dort, wo sie endet, unser Leben wird uns zur Messe. Und das nenne ich eine EXISTENZRELIGION leben.

Diese Notwendigkeit der persönlichen Begegnung ist weltweit recht gut verstanden worden, am Kirchenportal küßt und umarmt man sich, lacht und schwatzt miteinander und macht sich gegenseitig aufmerksam, in welchen Häusern Soforthilfe gebraucht wird … ja, all das ist die lebendige Fortsetzung dessen, was man damals in der Urkirche in tätiger und in mystischer Weise wunderschön zu verbinden und zu leben verstanden hatte. Und doch besteht das Risiko unserer heutigen Messe noch immer darin, für eine Stunde ein egozentrisches Leben führen zu wollen unter dem Motto ICH UND MEIN GOTT, und sobald alles vorüber ist, schleicht man sich möglichst unsichtbar schon während des Schlußgesangs davon, um nur niemandem zu begegnen, den man kennt, mit dem man bleiben und reden müßte. Aber spürt denn der Forteilende nicht den Widerspruch in seinem Verhalten? Alle Gesichter sind das reflektierte Gottesgesicht, nach dem er während der Messe innerlich Ausschau hielt, jedes Menschengesicht enthält für ihn eine bestimmte Gottesbotschaft...

In einem kleinen französischen Dorf bei Chantilly habe ich während meiner Zusatzstudien drei Jahre als Priester eine kleine Gemeinde versorgt. Eine Kirche gab es dort nicht. Der Clubraum des Ortes diente für Filmvorführungen, Diskussionsrunden, Ping-Pong-Matches und an manchen Abenden für ausgelassene Sing- und Tanzveranstaltungen. Und am Sonntag? Da wurde kurzerhand ein Tisch in die Mitte geräumt und kreisrund mit Stühlen umstellt, um miteinander die Messe zu feiern. Sobald der Schlußsegen erteilt und die Kerzen ausgeblasen waren, war der Raum wieder der Ort munteren Beisammenseins, in dem viel getan und auch viel gelacht wurde.

Unnötig zu erwähnen, daß dieser Stil seine Gegner fand. Die Vermischung von heiliger Messe und fröhlichem Leben galt manchen als Profanierung des Heiligen, Kirche ist Kirche, und Freizeit ist Freizeit und zwar an getrennten Örtlichkeiten! Kirche – das kann nur ein Raum sein, in dem Gnadenbilder und Ikonen von den Wänden leuchten, wo Kreuz und Tabernakel zur strengen Andacht mahnen, wo jeder Winkel die ewige Stille atmet und wo auch während der Woche nur geflüstert werden darf. Dagegen ist prinzipiell nichts einzuwenden, wir haben solche Tank-Oasen für unsere Seele sehr nötig, vergessen wir aber nicht, daß „Kirche" im Urchristentum nichts anderes war als ein ebensolcher Allzweckraum, wie ich ihn in Frankreich erlebt hatte, in dem fröhlich gegessen, getrunken und lebhaft diskutiert, aber auch andächtig gebetet und kommuniziert wurde. Das griechische Wort EKKLESIA (Kirche) geht auf das antike Wort EKKLESIE aus Athen zurück, das „Volksversammlung" bedeutet und sich bis in unser französisches Wort EGLISE (Kirche) erhalten hat. Die Kirche war der Versammlungs- und Begegnungsort der Menschen, lange bevor er ein reiner Andachtsraum wurde, oder ein „heiliges Gebäude".

• UND IHR SEID DIE REBEN!

Das Johannesevangelium ist aufgebaut in der Schönheit einer Kathedrale: Jedem Wort gab der Apostel seinen logischen Platz, jedes Ereignis ist in Beziehung zum Ganzen gesetzt, nichts Zufälliges irritiert und nichts Überflüssiges stört. Sinnreich bringt Johannes so auch die Bildrede Jesu vom Weinstock und den Reben im Zusammenhang mit dem Abschiedsmahl und der Fußwaschung der Jünger, denn sie soll uns die noch tiefere Bedeutung des eucharistischen Geheimnisses erschließen:

> *„Ich bin der Weinstock, ihr seid die Reben. Wer in mir bleibt und in wem ich bleibe, der bringt reiche Frucht, denn getrennt von mir könnt ihr nichts vollbringen."*
>
> (Johannes 15,5)

Diesen Text zitiert Johannes aus der Abschiedsrede Jesu, aus seinem großen Gebet für die Einheit. Alles hat Johannes kraft seiner Mystik und dank seiner Gesamtschau in logischer Klarheit verknüpft, verwoben, verschmolzen. Auf einen Nenner gebracht, lautet die johanneische Botschaft für mich

KEINE CHRISTUSLIEBE OHNE NÄCHSTENLIEBE, KEINE NÄCHSTENLIEBE OHNE CHRISTUSLIEBE,

wobei ich hinzufüge, daß nach meiner Überzeugung die tätige Nächstenliebe innerhalb anderer Religionen längst aus Christus heraus vollzogen wird, wenn auch noch unbewußt.

UND IHR SEID DIE REBEN... Dem Akt meiner Nächstenliebe sollte eine selbst geschaffene innere Trockenheit vorausgehen, die die Wasser der Gnade anzieht wie eine Pflanze und sich in mich ergießt, denn dann komme ich nicht mit leeren Händen. Das Aufrichten und Erblühen des andern, an dem ich arbeite, ist eine Gnadenübertragung, die ich sichtbar und zu meiner tiefen Freude erleben darf, wobei sich am Ende meine anfängliche Leere zur Fülle wandelt. Mein Nächster wird mir so zum Gnadenkanal, der mich mit der Christusliebe in Verbindung hält, sodaß ich teilhaben kann an seinem göttlichen Leben und damit das Höchste gewinne!

> *„Ein verzagt und betrübt Gewissen wieder aufrichten ist viel mehr denn ein Königreich erobern."*
>
> (Martin Luther)

• NÄCHSTENLIEBE UND GOTTERKENNTNIS

Liebe im vollen Sinn bedeutet immer die Geistgeburt des Menschen, weil er sich in Gott zu entfalten beginnt. Deshalb ist es seine wahre Geburt, seine lebensentscheidende Neuexistenz. Man kann das auch anders ausdrücken und sagen, die Geistgeburt des Menschen ist die Gottesgeburt in seinem Innern. Jedes aktive Liebesquäntchen mehrt das Sichtbarwerden Gottes in dieser Welt, denn Nächstenliebe ist immer eine Offenbarung des lebendigen Gottes. Und ich bin wieder beim Liebesapostel Johannes und weise auf Stellen in seinem ersten Brief über die enge Beziehung zwischen der Gottesliebe und der Nächstenliebe:

> *„Die Liebe ist aus Gott, und jeder, der liebt, stammt aus Gott und erkennt ihn." (...) Noch nie hat jemand Gott geschaut, doch wenn wir einander lieben, dann bleibt Gott in uns, und seine Liebe ist in uns vollendet."*
>
> (I Johannes, 4,7+12)

Vermutlich werden Sie mir zum Folgenden sagen, das sei

ausreichend bekannt. Wo aber wird es in Theologenkreisen gelebt?... Nicht der sorgfältigste, strengste Gelehrte der Gotteswissenschaft wird allein aus theologischen Abhandlungen und ähnlichen Texten, die ja meist die Erfahrungen anderer wiedergeben, Gott erkennen können. Niemals! Nicht einmal aus allen heiligen Schriften der Menschheit! Endgültig erkennen, sodaß er es an Leib und Seele spürt, wird er Gott nur im Nächsten, dem er sich aus seiner inneren Freiheit heraus bewußt öffnet und gütig hinwendet, dem er liebevoll zuhört und ihm die Anliegen aus den Augen liest. So kann Gott auch in einer Gelehrtenseele wachsen und Gestalt annehmen können, und indem er sein Herz zu bewohnen beginnt und von dort her über seine Augen, Lippen und Hände geht, wird er Gott in zunehmendem Maße erkennen, *„denn jeder, der liebt, stammt aus Gott und erkennt ihn!"* Existentielle Gotterkenntnis.

Doch vom Weltgeist inspiriert und getragen, wollen die Menschen Gott lieber intellektuell erobern, wie sie es mit einem geometrischen Lehrsatz gewöhnt sind, oder sie wollen „dahinterkommen" wie hinter ein physikalisches Prinzip. Andere möchten ihn per Post empfangen, d. h. mühelos aus einer Kolumne ihrer Kirchenzeitung entnehmen, aus erbaulichen Rundfunksendungen am Abend oder aus spannenden Talk-Shows im Fernsehen, das ist noch bequemer als Bücher lesen! All das bliebe aber irgendwo auf der Strecke, es bliebe in der zerebralen Ordnung hängen, weil es nichts als Mitvollzug der Gehirnarbeit anderer ist, dazu nach abstrakten, theoretischen Begriffen. Aber hier fehlt alles, es fehlt die mystische Versenkung im Liebesgespräch mit Gott, und es fehlt das persönliche Engagement für den bedürftigen Nächsten. Gott ist nun mal kein Konzept, und es hat nie eines gegeben, Gott ist keine Idee, sondern das Realste des Realen, das Innerste des Innern, das Tiefste und Letzte der Existenz, weshalb wir eine Existenzreligion leben müssen, um Gott zu erleben.

Dabei werden wir feststellen, daß Gott aus unseren Schwestern und Brüdern strahlt und wirkt. Indem diese vor mir stehen und ich ihnen in Offenheit und Sympathie entgegenkomme, ihnen helfe, wo ich kann, erkenne ich Gott, weil er mir ja aus ihnen entgegenlebt! Und um diese praktische Erfahrung geht in unserem Leben ALLES, meine Freunde, ALLES, denn sie schenkt uns die dauerhafte Gotteserfahrung.

„Gott ist Liebe. Wer in der Liebe bleibt,
der bleibt in Gott, und Gott bleibt in ihm."

(I Johannes 4,16)

Zum ersten Mal in der Religionsgeschichte wird im Christentum Gott mit dem Liebesbegriff benannt, und das reicht bis zu der Aussage, daß *jede menschliche Liebeserfahrung eine lebendige Gotteserfahrung ist.* Kehren wir mit Johannes diesen Satz noch einmal um, dann werden wir noch stärker betroffen:

„Doch wer nicht liebt, hat Gott nicht verstanden."

(I Johannes 4,8a)

Die stärksten Anstrengungen eines grübelnden Verstandes laufen ins Leere. Ich mag mich Jahrzehnte energiegeladen und guten Willens mit Theologie beschäftigen, ich mag alle dogmatischen Thesen kennen und sie meinem eigenen kritischen Studium unterzogen und auch ganz und gar verstanden haben, ich mag streng wissenschaftliche Bibelforschung betreiben, sodaß man mir nachsagt, ich sei „in allem beschlagen", und man mir in Theologenkreisen „einen Namen" gibt. Wenn aber über alledem – und über meinem Wissensstolz – meine Liebe eingetrocknet wäre oder wenn sie sich niemals entfaltet hätte – aus der Herzenstiefe und spürbar für die andern, dann ginge mein Rätselraten über Gott endlos weiter; und ich wüßte insgeheim sehr genau, daß er der große Unbekannte für mich geblieben ist. Auch mein Willensaufwand nützt mir nichts, denn

„ein Tropfen Liebe ist mehr als ein
Ozean von Wille und Verstand."

(Pascal)

• ABER NÄCHSTENLIEBE ZUM ALLERNÄCHSTEN!

Ich nehme einen tiefen Atemzug und stelle fest, daß ich glücklich bin, denn ich liebe Gott in den dahinziehenden Wolken, in den Blumenfarben, im Licht der Sterne, in der Bewunderung eines kleinen Käfers auf meiner Hand. Oh, wie leicht das ist, Gott in der Natur zu lieben, denn diese Liebe kostet mich nicht das geringste! Und selbst in der stillen Gebetsversenkung fällt mir die Gottesliebe relativ leicht. Deshalb muß für mich die STUNDE DER WAHRHEIT schlagen, in der ich mir gegenüber klarwerden soll, ob hier nicht schillernde Illusionen ihr Unwesen treiben. Damit wäre die Gefahr einer Flucht aus der existentiellen Wirklichkeit gegeben – hin zu diesem „Nur-Gott in der Schöpfung". Wir wissen, daß die „angenehme Gottesliebe" sehr weit verbreitet ist.

Da wir bei Scheinbildern sind, gleich ein anderes: Wir wissen, daß sich Nächstenliebe und Nächstenhaß vorzüglich miteinander vertragen und in derselben Menschenbrust dicht beieinander hausen: *„Ja, Herr, ich liebe Dich aus ganzer Seele!"* – und gleichzeitig haßt meine Seele den Arbeitskollegen, den Nachbarn oder einen Verwandten. Ich höre noch immer Johannes:

> *„Wenn einer sagt, ‚ich liebe Gott', und*
> *seinen Bruder haßt, der ist ein Lügner."*
>
> (I Johannes 4,20a)

Beispiel: Chicago 1966. Eine fromme Amerikanerin kam außer Atem zu einem Gespräch zu mir, denn ein neues Gesetz der katholischen Kirche der USA hatte sie aus dem Gleis geworfen. Welches? Ab sofort waren Fleischspeisen am Freitag erlaubt. Das bisherige Fastenopfer konnte nun durch eine andere, selbstgewählte Einschränkung oder durch einen Akt von Nächstenliebe ersetzt werden. Vernünftige Gesetzesänderung, fürwahr, und die Begründung des amerikanischen Episkopats war einleuchtend: Seit langem wurde dieser freitägliche Verzicht ad absurdum geführt, indem sich die Leute an luxuriösen Fischdelikatessen schadlos hielten, um ja nichts zu entbehren! Anstatt zu opfern, beruhigte man sich pharisäisch, eine kirchliche Vorschrift befolgt zu haben, und glaubte alles im Lot. Aber die Dame rief entrüstet: *„Man ändert uns unsere Religion!"* und war damit noch nicht am Ende, gleich folgte noch eine zweite Kritik:

> *„Und noch so etwas Neumodisches, mein Pater: Die Kirche verpflichtet uns jetzt, die Schwarzen zu LIEBEN... Was soll denn das nun heißen?"*

Während weniger Minuten beide Beschwerden von den selben Lippen. Das zeigt uns, wo der praktizierende Christ oder „religiöse Mensch" mit seinem Lippenbekenntnis des Glaubens ankommen kann, wenn er den Ritus nur gegenständlich betrachtet und ihn sozusagen allein arbeiten läßt. Dabei muß er ja das Wesentliche aus den Augen verlieren! Die Schriftgelehrten des Evangeliums hatten sich in dieser Weise in sich selber verknotet und Jesus damit zur Weißglut gebracht: *„Ihr Pharisäer und Schriftgelehrten, ihr Heuchler, ihr blinden Narren"!*

> *„Wenn einer nämlich seinen Bruder, den er sieht, nicht liebt, der kann auch Gott nicht lieben, den er nicht gesehen hat. Dieses Gebot haben wir von ihm erhalten: Wer Gott liebt, der soll auch seinen Bruder lieben."*
>
> (I Johannes 4,20–21)

In diesen Sechziger Jahren hatten die Vereinigten Staaten endlich unseren schwarzen Schwestern und Brüdern entscheidende Rechte verschafft, und nun sprachen plötzlich alle von der gebotenen „Toleranz" gegen sie. Hier erhob die Kirche sofort ihre Stimme und gebot weit mehr als gnädige Toleranz, nämlich Liebe gegenüber dem farbigen Mitbürger, SPÜRBARE LIEBE.

Nehmen wir das Wort „Nächstenliebe" immer wörtlich, denn es ist der Allernächste gemeint – meine Frau, mein Mann, meine alten Eltern, mein bedürftiger Verwandter, mein Kollege in Schwierigkeiten, mein Untergebener am Arbeitsplatz, mein Nachbar. Dazu sind auch alle Fremden meine Nächsten, die in der Öffentlichkeit tagsüber meinen Weg kreuzen. Da habe ich genug zu tun!... Wie leicht ist das dahingesagt, man empfände Nächstenliebe für die Indianer, die Südafrikaner oder die Kambodschaner, solange sie weit, weit entfernt und kulturfremd auf der andern Globushälfte von mir leben und leiden. Christus war Realist, er sagte nicht einfach *„Liebe die Menschen!"*, sondern er drückte sich präzise im Rahmen des Machbaren aus: *„Liebe deinen Nächsten!."*

Dort drückt uns immer der Schuh, denn dieser Nächste steht immer neben uns. Aber für die echte Gottesliebe, die man sich selber gegenüber vorgibt, haben wir nur eine Testmöglichkeit, bei der wir weder Gott noch uns täuschen können: WIRKENDE NÄCHSTENLIEBE. Sie läßt das in der Gegenwart anbrechende Gottesreich sichtbar werden.

• DAS GESCHWISTERSAKRAMENT

Beispiel: In Kairo erleben wir das permanente Abenteuer der überquellenden Stadtbusse, an deren Einstiegseite die Menschentrauben gefährlich schaukeln und die Busse mit Schlagseite dahintaumeln. Trotzdem nähern sich ihnen noch endlos mehr Menschen, um auch noch mitzukommen. Wie reagieren diejenigen, die selbst nur mit einem Fuß akrobatisch das Trittbrett berühren, wenn die andern atemlos angejagt kommen und plötzlich „zum Nächsten" werden? Wäre es nicht menschlich verständlich, ja normal, diese Neuankömmlinge energisch abzuwehren und fortzustoßen? Es gibt doch keinen freien Zentimeter mehr!... Ich beobachte das Gegenteil: Diese dort oben frei hängenden Passagiere strecken „ihren Nächsten" den hilfreichen Arm entgegen und versuchen, sie mit zäher Kraft zu sich hochzuziehen, sobald diese nach mutigem Sprung während der Fahrt nach oben ihnen bereits die Zehen zerquetscht haben.

Nachdenklich stehe ich immer wieder vor diesen Szenen, die mich sehr berühren, denn hier kann ich Solidarität und

Opfergeist des einfachen Volkes im Alltag studieren. Sind das nicht wahre Gesten der Nächstenliebe, zu denen „unsere Kreise" in anderen, aber ähnlichen Situationen nicht fähig sind? Und es gibt genügend Szenen im öffentlichen Alltag, bei denen Menschen Unannehmlichkeiten und persönliche Nachteile akzeptieren, um spontan einem Fremden zur Seite zu stehen. Jedesmal sage ich mir dann im stillen:

> *Was unsere moslimischen Brüder hier in größter Selbstverständlichkeit tun, das wiegt so viel wie tausend unserer Messen mit tausend Kommunionen! Das ist die LEBENSMESSE, die im geschwisterlichen Teilen und Opfern existentiell wird.*

„Brudersakrament" hat man die Nächstenliebe genannt, und heute muß sie wohl als „Geschwistersakrament" formuliert werden. Denn wenn die Eucharistie das Sakrament Christi ist, dann ist der Akt der Nächstenliebe das Sakrament des Nächsten. So wie ich mit Christus kommuniziere, indem ich die Hostie empfange und dieses Tun „heilig" nenne, so kann ich mit dem selben Christus kommunizieren, wenn ich draußen vor der Kirchentür Nächstenliebe übe. Auch das ist heiliges Tun. Was ich hier sage, ist zugleich eine Selbstbefragung und Herausforderung an mich, denn wie leicht es mir doch fällt, Diskussionen zu leiten und Vorträge zu halten, aber wie rasch rutscht mir etwas daneben, weil ich in einer Situation das rechte Wort ungesagt lasse oder mit einer absolut notwendigen Geste spare. Beim Jüngsten Gericht wird Christus uns gewiß keine statistische Abrechnung über unsere Zahl an Gebeten, Messen und konsumierten spirituellen Büchern vorlegen; ich glaube eher, er wird seine eigenen Worte noch einmal wiederholen, die uns mit Matthäus, Kapitel 25, seit fast 2000 Jahren begleiten:

> *„Ich war hungrig, und du hast mich nicht gespeist.*
> *Ich war fremd, und du hast mich nicht beherbergt.*
> *Ich war nackt, und du hast mich nicht bekleidet.*
> *Ich war krank, und du hast mich nicht besucht."*

Jesus hat hier nur Beispiele gegeben, man könnte diese Liste beliebig verlängern:

Ich war mutlos, und du hast mich nicht gestärkt.
Ich war verzweifelt, und du hast mich nicht verstanden.
Ich war am Sinken, und du hast mich nicht gewarnt.
Ich war im Recht, und du hast mich nicht verteidigt.
...und so weiter.

Zuvor hatte er bereits zu den Pharisäern gesagt:

„Barmherzigkeit will ich, nicht Opfer."

(Matthäus 11,7)

• EIN VISUM FÜR DAS GOTTESREICH?

Der getaufte Christ ist wie der beschnittene Jude fest davon überzeugt, sich ein automatisches Recht auf den guten Ausgang bei Gott erwirkt zu haben. Seine Eltern haben ihm dieses Recht beschafft, so wie man für jemanden einen Reisepaß beschafft, der ihm woanders Einlaß gewährt. Er sagt sich: Mein Heil ist garantiert, denn in meiner Pfarre ist mein Name im Computer gespeichert, der Priester sieht mich und weiß, daß ich sonntags dabei bin, mit mir ist alles in Ordnung, ich trage den Visumstempel für das Reich des lieben Gottes in der Tasche.

„Wie primitiv!" werden Sie mir sagen, ohne sich vielleicht bewußt zu sein, was „traditionelles Christentum" millionenfach bedeutet. Die von Christus mit Nachdruck geforderte Menschenliebe wird bedenkenlos mit gewissenberuhigenden Riten ersetzt. Kein Unterschied in diesem Fall zur Beschneidungszeremonie bei den Juden, denn auch dort glauben viele, aufgrund eines Ritus zur auserwählten Rasse zu zählen. Taufe und Beschneidung sind Riten, die aber allein keine Erlösung bringen. Hören wir nicht die Mahnstimme des Täufers noch immer aus der Steppe von Judäa rufen:

„Glaubt ja nicht, daß ihr denken dürft: Wir haben Abraham zum Vater. Ich sage euch: Gott kann aus diesen Steinen da Kinder für Abraham entstehen lassen!"

(Matthäus 3,9)

Unsere christliche Taufe könnte in derselben Ordnung wie die jüdische Beschneidung stehen, denn das Reich Gottes ist durch keinen Ritus zu erkaufen, auch nicht mit dem ersten der Sakramente! Nur eine Frage wird später Christus am Herzen liegen:

HAST DU GEGLAUBT? HAST DU GELIEBT? –

und jeder wird nach dem „Taufsakrament der Nächstenliebe" gerettet werden, das wahrer und wirksamer ist als die Wassertaufe. *„Sind aber die Nichtchristen zu dieser Nächstenliebe überhaupt fähig, um eines Tages vor Gott zu bestehen?"* Diese frevle, ganz unglaubliche Frage wird seit Jahrhunderten bis zur Stunde immer wieder gestellt, und es klingt, als glaube man an ein Monopol des Christen über Himmel und Erde und selbst über die Liebe! Als ob diese Unzahl selbstloser Gesten, die wir alle Tage bei unseren mohammedanischen Schwestern und Brüdern aus nächster Nähe erleben, keine authentische Nächstenliebe wäre! Wieviel Arroganz und trügerische Ruhe ist unter den frommen Christen verbreitet! Aber Gottseidank überflutet der Heilige Geist die Grenzen der sichtbaren Kirche und den Kreis ihrer Getauften ins Unüberschaubare und Unkontrollierbare. Das stellte schon der glühend predigende Petrus am ersten Pfingsttag fest und nannte es die Erfüllung einer Voraussage des Propheten Joël etwa 500 Jahre zuvor:

„Die gläubig gewordenen beschnittenen Juden konnten es nicht fassen, daß auch auf die Heiden die Gabe des Geistes ausgegossen wurde, (...), und Petrus sagte: Kann jemand denen das Wasser der Taufe verweigern, die ebenso wie wir den Heiligen Geist empfangen haben?"

(Apostelgeschichte 10,45+47)

• DIE TAUFE IM GEIST UND IM FEUER

Noch tiefer reicht die Taufe im Feuer des Heiligen Geistes. Johannes der Täufer steht bis zur Hüfte im Wasser des Jordanflusses, er tauft die Menschen und kündet denjenigen an, der sie noch ein zweites Mal taufen wird – und zwar mit Feuer:

> *„Das Volk war voll Erwartung, und alle überlegten im stillen, ob Johannes nicht vielleicht selbst der Messias sei. Doch Johannes gab ihnen zur Antwort: Ich taufe euch nur mit Wasser. Es kommt aber einer, der stärker ist als ich, und ich bin es nicht wert, ihm die Schuhe aufzuschnüren. Er wird euch mit dem Heiligen Geist und mit Feuer taufen."*
>
> (Lukas 3,15–16)

Für diese Feuertaufe, meine lieben Freunde, hat Christus sich bei uns inkarniert, in klaren Worten vom letzten aller Propheten angekündigt. Bereiten wir uns also beim Jüngsten Gericht auf mancherlei Überraschungen vor, denn wir werden dann ebenso fassungslos sein wie die ersten Christen am ersten Pfingsttag. Denn leider wird und leider muß es so kommen, daß viele unter uns, die heute seelenruhig an ihre Platzreservierung zur Rechten des Herrn denken, sich enttäuscht zu seiner Linken wiederfinden werden.

Der indische Mystiker und Dichter Toukaram schrieb im 17. Jahrhundert:

> *„Wenn Du still zu Deinem Gotte betest und ein Mensch klopft draußen an, dann wird Dein Gebet nicht fromm sein können, wenn Du das Klopfen überhörst. Wunderschöne Blütenblätter läßt Du regnen über Deinen Gott, die sich dann in Steine wandeln und ihn umzubringen drohen, denn Du steinigst ihn. Lieber opferst Du ein rituelles Mahl für Deinen Gott, als einen überraschenden Besucher an Deinen Tisch zu bitten! Sobald Du eine Grenze ziehst zwischen Deinem Gast und Deinem Gott, dann ist Deine Liturgie nicht mehr wert als ein Auswurf."*

Lockt hier nicht der Vergleich zwischen diesem hinduistischen Text und der Bergpredigt, in der nach den Seligpreisungen ähnliche Warnungen erfolgen:

> *„Wenn du deine Opfergaben zum Altar bringst und dir dabei einfällt, daß dein Bruder etwas gegen dich hat, so laß deine Gabe dort vor dem Altar liegen, geh und versöhne dich zuerst mit deinem Bruder. Dann komm und opfere deine Gabe. Schließ ohne Zögern Frieden mit deinem Gegner, solange du noch mit ihm auf dem Wege zum Gericht bist."*
>
> (Matthäus 5,23–25)

Beide Worte sollen uns unter die Haut fahren. Deutlicher kann es nicht gesagt werden, ob im Hinduismus oder in der Lehre Christi. Der Wert eines Gebetes, gleich welcher Kultur, so wie die Teilnahme an unserer Messe stürzen als ein Nichts in sich zusammen, wenn dabei negative Gefühle gegen auch nur einen Menschen unseren Geist besetzen. Das Sich-gestört-Fühlen durch einen Besucher ist nach dem Hindu-Text bereits negativ und wandelt fromme Gebetsworte in Steinwürfe gegen Gott. Hierher gehören auch die schwelende Eifersucht und jeder Grad von Neid, um unserem spirituellen Leben Boden und Substanz zu entziehen.

Wenn sich jemand zu einer Vergebung nicht überwinden kann (*Ich schaffe es nicht! Schlimmes ist mir angetan worden, der Schmerz sitzt tief!*) und sich deshalb als zu „unrein und unwürdig" erachtet, um an der Kommunion teilzunehmen, dann respektiere ich diese ehrliche Haltung, ich empfinde sie klarer und wahrer als das ewig ängstliche Zittern mancher, die aus ihren sexuellen Schuldgefühlen heraus auf die Hostie verzichten wollen. Immer haben die Christen die „Schwächen des Fleisches" einem Schmutz- und Schandfleck ersten Ranges gleichgesetzt und übersehen, daß das größte aller Vergehen das schmerz- und leidverursachende Vergehen gegen die Nächstenliebe ist. Nur das kann „wahre Sünde" genannt werden.

Vor der Kommunion geben Sie als ein Zeichen des Friedens

einander die Hände oder umarmen sich, denn diese Friedensgeste ist die notwendige Voraussetzung für die friedenschaffende göttliche Kommunion ein wenig später. Wäre es nicht naiv zu glauben, man könne Gott wirksam um persönliche Vergebung bitten, wenn es sich allein auf den Sprachchor des Allgemeinen, öffentlichen Schuldbekenntnisses am Anfang der Messe bezöge? Eine kleine Sekunde klopft man sich dabei auf die Brust und schätzt sich quitt mit dem Herrn. Ich zweifle. Diese Versöhnung muß auf unsere MITMENSCHEN ausgedehnt werden, ohne einen einzigen vergessen zu wollen, denn die Geste des Handgebens oder Friedenskusses ist nicht nur die unverzichtbare Vervollständigung des Allgemeinen Schuldbekenntnisses, sondern ihre Krönung, die sich in einer persönlichen Aussprache fortsetzen sollte, dort wo etwas be-REIN-igt werden muß.

Auch hier erkennen wir die Eucharistiefeier als das Sakrament der Einheit des Mystischen Leibes. Und vergessen wir nicht, daß der LEIB CHRISTI, mit dem wir in der Kommunion einswerden möchten, die VERKÖRPERUNG DER WAHRHEIT UND DER LIEBE ist.

Deshalb kann nur eines den Menschen unrein und verlogen machen, es ist die gesamte Negativ-Skala von Gefühlen und Gedanken gegenüber dem Nächsten, von Mißgunst oder stiller Verbitterung bis zu offenen Feindseligkeiten und ungenierten Äußerungen des Hasses. Das wird Paulus meinen, wenn er schreibt, daß derjenige, der *„unwürdig vom Brot ißt und aus dem Kelch des Herrn trinkt, sich schuldig macht am Leib und Blut des Herrn"* (I. Korinther 11,27). Wer in dieser Negativ-Verfassung bei herrlicher musikalischer Untermalung die heilige Hostie entgegennimmt und den Erlösungskelch an die Lippen führt, handelt in Unwürde gegen sich selbst, begibt sich in Widerspruch, belügt sich. In der Kirche bejaht er Christus, während er draußen seine Schwester oder seinen Bruder verneint.

• JUDAS

Dieser Widerspruch des Menschen platzte beim Letzten Abendmahl mit der Heimtücke des Verräters, er platzte auf wie eine stinkende Eiterbeule. *„Der, der die Hand mit mir in die Schüssel getaucht hat, wird mich verraten"* (Matthäus 26,23). Mit diesem Christuswort ist auch unsere Scheinheiligkeit angeprangert, die sich einmal in der Judasgestalt zum Übermaß verdichtet und entladen hatte. Anders ausgedrückt, hieß das: *„Beweinenswerter Judas! Du kamst, um an unserem Liebesmahl teilzunehmen, doch Deine Geste der Freundschaft und des geschwisterlichen Teilens befleckst und vernichtest Du mit der heimlichen Entscheidung, mich auszuliefern."* Und noch ein zweites Mal äußert sich derselbe Widerspruch im Judaskuß: *„Judas! Mit einem Kusse verrätst du den Menschensohn?"* (Lukas 22,48). Fühlen wir die maßlose Traurigkeit aus dieser Frage Jesu? Der Verrat im Kuß, im bevorzugten Ausdrucksmittel von Liebe und Freundschaft?

Aber geschieht nicht während unseres heutigen Abendmahles kaum etwas Besseres, ist Judas nicht überall anwesend? Kopf und Herz nicht weniger Teilnehmer schwellen von Mißgunst, Verachtung und teilweise mörderischem Haß gegen einen Menschen in der nahen Umgebung – wir Seelsorger können ein Lied davon singen! Und doch gehen sie feierlichen Schrittes mit gefalteten Händen zur Kommunion. Ein JA zu Christus in der Gestalt der Hostie, ein NEIN zu Christus in der Gestalt eines bestimmten Mitmenschen… Und wie sollen diese Blinden jemals zur eigenen Selbsterkenntnis erwachen? Sie laufen im Dunkel, sind blind gegen sich, blind gegen die Seele des andern – sonst könnten sie ihn nicht verachten – und blind gegen den Gott der Liebe.

• CHRISTUS, SYNTHESE VON GOTT UND DEM MENSCHEN

Es gibt keine zwei verschiedenen Arten von Liebe, wer die eine besitzt, der besitzt auch die andere: GOTTESLIEBE und MENSCHENLIEBE regen sich gemeinsam in uns und werden aktiv, und es geht einzig um diese Erkenntnis. Jesus hat es in dem „Neuen Gebot" formuliert, das er, nachdem Judas die Gemeinschaft verlassen hatte, seinen Jüngern gab:

> *„Ein neues Gebot gebe ich euch: Liebet einander. So wie ich euch geliebt habe, so sollt auch ihr einander lieben. Daran werden alle erkennen, daß ihr meine Jünger seid."*
>
> (Johannes 13,34–35)

Hat er damit das Erste Gebot, das Gebot der alleinigen Gottesliebe, abgeschafft, hat er es gegen sein „Neues Gebot" ausgewechselt? Nein, er hat dieses neue in das Erste Gebot hineingewandelt und beide zur Vollkommenheit vereint, doch in sprachlich so starker Weise, daß dieses Jesus-Gebot im Grunde nun ausreichend ist. Denn, so lehrt es die Botschaft, wenn ihr einander liebt, dann findet ihr Gott im Zentrum dieser Liebe, dieser Güte. Die großen Kirchenväter haben sich kurz und bündig darüber ausgedrückt:

„DEIN BRUDER – DEIN GOTT",

und wir wollen es das „Sakrament des Nächsten" nennen. Wer seinen Nächsten wirklich liebt, der liebt auch Gott wirklich; auf diesem Weg hat sich bisher noch niemand verirrt, er geht auf Sicherheit, denn das Christentum ist die Synthese von Gott und dem Menschen. Durch seine Inkarnation hat Jesus den „Allerhöchsten" als einseitigen Gottestitel entkräftet und Gott in der eigenen Gestalt zum IMMANUEL, dem „Gott mit uns", gemacht, zum Gott der Nähe und Liebe, zum gegenwärtigen Gott in allen Wesen seiner Schöpfung.

Leider sind wir noch meilenweit davon entfernt, dieses Dogma der Inkarnation voll ausgeschöpft zu haben, damit es in uns die durchschlagende Bekehrung bewirkt, das Dogma, das bereits vor eineinhalb Jahrtausenden auf dem Ökumenischen Konzil von Chalkedon verabschiedet worden ist. Da war es um die beiden Naturen Christi gegangen, die antiochenischen Theologen hoben mehr die menschliche Natur Jesu hervor, unsere alexandrinischen Theologen betonten dagegen seine göttliche Natur, bis man sich endlich nach langem Ringen um die Wahrheit auf die Einheit beider Naturen geeint hatte, auf den Begriff

WAHRER GOTT UND WAHRER MENSCH UNVERMISCHT IN ZWEI NATUREN.

Gott und Mensch in unauflöslicher Einheit – das ist Jesus Christus, und so glaubt es bis heute auch unsere Geschwisterkirche protestantischer Konfessionen. Ich sage, der Glaubenswille an dieses Dogma sei Pflicht, die Pflicht des unerläßlichen Sprungs über eine Schwelle hinweg in den nackten Glauben. Dieser Sprung hat sich immer gelohnt, er rechtfertigt sich, denn nach seinem Durchbruch läßt der Offenbarungsglaube des Christentums eine Realität wahrnehmen, die längst im Innern des Menschen besteht; er läßt sie vom Unbewußten ins Bewußte durchdringen, vom Unpersönlichen ins Persönliche, vom Ethischen ins Religiöse. Das ist die Steigerung unseres Menschseins, die sich durch den Erkenntnisvorgang in uns vollzieht. Unser Ordensgründer Ignatius von Loyola wußte schon Jahrhunderte vor der Psychoanalyse, daß man im Gebet Unbewußtes „heraufholt".

• NUR ÄUSSERSTE HINGABE BESCHEINIGT HÖCHSTE LIEBE

Wir hören im „Neuen Gebot", wir sollen uns an der Christusliebe orientieren, *„so wie ich euch geliebt habe"*. Wie hat der Herr uns Menschen geliebt? Er hat das in keiner Weise verbal erklärt, sondern gelebt, vorgelebt, sein Liebeswirken nahm die höchstmögliche Form an – die Selbsthingabe, sie wurde zum Opfer, zum Liebesopfer, zum Todesopfer, denn

> *„es gibt keine größere Liebe, als wenn einer sein Leben hingibt für seine Freunde".*
>
> (Johannes 15,13)

Und das muß freilich die Umkehr der menschlichen Natur bedeuten. Freiwillig sein einziges Leben weggeben bildet den krassesten Gegensatz zum stärksten Trieb des Menschen, dem Selbsterhaltungstrieb, in dessen Namen er sein kostbarstes Gut, das Leben, umklammert, sich daran festschnürt und es gegen alles verteidigt, das es gefährden könnte. Im Namen dieses Instinkts setzt er jedes Mittel und alle Moral ein, um ein Risiko zu vermeiden, denn die Lebensdevise heißt ÜBERLEBEN. Folglich ist das Christus-Motto SEIN LEBEN HINGEBEN FÜR DIE FREUNDE die radikale Absage an den Selbsterhaltungstrieb des Menschen, weshalb dieses Opfer früher wie heute als absurd gewertet wird, doch Christus rechtfertigt es eindringlich:

„... denn wer sein Leben verliert, wird es retten."

(Markus 8,35)

Also keineswegs absurd, denn sich-geben bedeutet sich-finden, sein Leben finden, das wahre Leben! All das ist längst menschliche Erfahrung. Wer gewillt war, sich selber gegenüber abzusterben, wird bald eine immense Steigerung seiner Lebensqualität erfahren haben, eine Intensivierung, eine Erweiterung, eine Vermehrung seines Daseins, mehr noch, eine Erhöhung und schließlich eine Verklärung. Die eucharistischen Worte: *„Tut dies zu meinem Gedächtnis"* wollen sagen, daß jeder von uns zu diesem Opfer bereit sein muß, so wie Petrus es in seinem ersten Brief fordert, „wir sollen Christi Spuren folgen". So sprich auch Du zu Deinem Mitmenschen: DAS IST MEIN LEIB, HINGEGEBEN FÜR DICH. NIMM! Und die andern mögen ihrerseits dasselbe tun. So wie ein Mensch sich in der aktiven Nächstenliebe freiwillig bindet, so sollen auch die andern sich binden und geben, indem auch sie in ihrer eigenen Person sprechen:

„Das ist mein Blut, das für euch vergossen wird."

(Lukas 22,20)

Denn bei jedem Akt echter, opferbereiter, EGO-freier Nächstenliebe in unserem Alltag zelebrieren wir eine Eucharistie, hier wird das Christusopfer aktualisiert und durch uns nachvollzogen, wobei unsere Messe im existentiellen menschlichen Dasein Wirklichkeitsgehalt bekommt. Solange das nicht bis in den Grund hinein verstanden wird, bleibt die Messe für viele nichts als ein feierlicher Ritus, einem magischen Kult verwandt, und die Priesterworte am Altar eine unverständliche Formelsprache, der sie nicht folgen möchten, weil sie sie nicht verstehen. So ist es doch!... Aber in Beziehung gesetzt zur Fußwaschung kann die Eucharistie nicht nur intellektuell und theologisch verstanden, sondern endlich auch existentiell gelebt werden. Und dabei wird sie auch mit dem Herzen verstanden, wobei ich hier das ganzheitliche Erleben des Menschen meine. Jesus wünschte es so sehr, daß wir es wüßten! Nachdem er seinen Jüngern die Füße gewaschen hatte, sagte er zu ihnen:

„Selig seid ihr, wenn ihr das wißt
und danach handelt."

(Johannes 13,17)

Neigen wir uns liebevoll zu den Schwächeren und richten sie auf, tun wir ihnen optimal Gutes, dienen wir unseren Allernächsten! Wenn Sie das fertig bringen, meine lieben Freunde, wenn sie diesen Liebesdienst bis auf die Knochen existentiell zu leben bereit sind, d. h. zeitweilig über ihre eigenen Kraftreserven hinaus und bis zur totalen Erschöpfung, dann leben Sie die Selbsthingabe. Dann aber wird die Eucharistiefeier mit dem „heiligen Opfer" für Sie ihr volles Licht entfalten können. Warum? Weil die Offenbarung der Gottesliebe durch Ihre Person zur Vollendung gebracht wird.

„Wir alle spiegeln dann mit enthülltem Angesicht
die Herrlichkeit des Herrn wider und werden so in
sein eigenes Bild verwandelt."

(II. Korinther 3,18)

Das Opfer – kosmische Erneuerung und Vollendung

Seit Auftreten der ersten Agrarkulturen kennen wir in der Menschheitsgeschichte den Begriff des Opfers, dessen Wesen später in der Bildsprache Jesu zusammengefaßt wird:

> *„Wenn das Weizenkorn nicht in die Erde fällt und stirbt, so bleibt es für sich allein; wenn es aber stirbt, bringt es viele Frucht."*
>
> (Johannes 12,24)

Diese schlichte Feststellung einer allgemein bekannten Erscheinung wurde sehr bald als ein Gesetz erkannt: KEIN LEBEN OHNE VORANGEGANGENEN TOD. Bei tieferer Einfühlung erkennen wir aber das Selbstopfer im Herzen der Schöpfung, die in allen ihren Bereichen nach Vollendung strebt. Es gibt demnach nicht nur das Gesetz vom NEUEN LEBEN NACH VORANGEGANGENEM TOD, sondern

DAS GESETZ VOM HÖHEREN LEBEN
AUS DEM SELBSTOPFER.

Später bekam das Opfer einen mehr persönlichen Charakter – Versöhnungsgabe, Dankopfer und viele andere Sinninhalte mehr – ursprünglich aber stellte es ein rein biologisches Phänomen dar, das sich bis ins menschliche Dasein erstreckte, bis zu Gott hin und bis in alle kosmische Existenz, ein Opfer, das alles Seiende einbezog. Diesen biologischen Aspekt müssen wir hier als den Kernaspekt erkennen, dessen Bedeutung weit über alle gesellschaftlichen Aspekte kultischer Opferformen hinausführt, denn er erweckt in uns die Grundfrage nach Leben und Tod.

• OPFERWILLE, OPFERSEHNSUCHT

Versteckt in ihrer Wesensmitte birgt jede Existenz die Fähigkeit, sich an etwas Großes zu verlieren, sie verspürt den drängenden Impuls nach Selbsthingabe mittels einer Mutation, einer inneren Wandlung, um in einem anderen Wesen aufzugehen. Wenn diese Veränderung in der Tiefenstruktur nicht unter Druck von außen geschieht oder durch plötzliche Aggression erzwungen wird, sondern wenn es sich um ein freies, ehrliches Opfer-JA handelt, dann dient es der Kreatur bei ihrer geheimsten Wunscherfüllung, wobei sie sich „selbstverwirklicht", denn sie will sich darreichen, hingeben, sie will sich preisgeben und verwandeln lassen in etwas, das größer als sie selbst ist. Alles Seiende, soweit es die natürliche Welt betrifft, strebt zum Höheren! Fassen wir diesen außerordentlich wichtigen Vorgang zusammen:

JEDES OPFER IST WANDLUNG
JEDER OPFERTOD IST EINE METAMORPHOSE
JEDER SELBSTVERZICHT BEDEUTET
SELBSTVERWIRKLICHUNG

In dieser Perspektive erkennen wir die Gesamtheit der Schöpfung als eine fortwährende Geburt, sie lebt und wirkt, sie gebiert sich und strebt voran, weil sie eine höhere Daseinsform anzielt. Das Mineral „weiß", daß es sich nur im pflanzlichen Bereich verwirklichen kann, und die Pflanze „weiß", daß sie durch Verwandlung auf die Ebene des Tieres gelangen muß, das Tier verwirklicht sich wiederum im Menschen und der Mensch in Gott. Jede dieser Stufen setzt einen Tod voraus, der aber gleichbedeutend ist mit Auferstehung und Vollendung des eigenen dargebrachten Wesens. Dieses Weltmysterium der notwendigen Wandlung, des Todes und der Auferstehung in der Schöpfung, habe ich in meiner Legende *„Der kleine Grashalm"* zusammengefaßt. (siehe Henri Boulad, *„Die Vernunft des Herzens"*, 3. Aufl. 1993, Anm. d. Übers.)

Daß Opfersehnsucht und Opferbereitschaft in den Kreaturen angelegt sind, das hörten wir auch bei Sigmund Freud, als er uns den Eros analysierte und vom Lebenstrieb sprach, dem er aber den Thanatos, den „Sohn der Nacht", den Todestrieb, entgegensetzte. Das Opfer ist tatsächlich so alt wie Natur und Mensch und wie die Religionsgeschichte der Menschheit. Jesus läßt dem Bild vom sterbenden, gebärenden, fruchtbringenden Weizenkorn sogleich die Erklärung folgen:

> *„Wer an seinem Leben hängt, verliert es, wer aber sein Leben in dieser Welt gering achtet, wird es bewahren bis ins Ewige Leben."*
>
> (Johannes 12,25)

Heute, meine lieben Freunde, findet unser Sterben statt, zur Stunde im Hier der Gegenwart, im Herzen unseres Lebensalltags. Alle Religionen haben die Tatsache eines mystischen Zusammenhangs von Leben und Tod verstanden und erhoben sie deshalb zur zentralen Glaubenswahrheit und zum Gegenstand ihrer kultischen Bräuche und Riten.

• DIE NILBRAUT

Weil im großen universal-biologischen Jahreszyklus, bei dem sich alles in alles verwandelt, jeder Keimung ein Sterben vorangeht und in diesem Sterben das Fruchtbarkeitsversprechen liegt, verstehen wir den Glauben unserer Vorfahren an den geheimnisvollen Kreislauf der Natur, der den Menschen und dessen Lebensbedingungen einschließt und sich deshalb in Tier- und Menschenopfern äußern konnte. Man war überzeugt, daß diese Opfer die Wiederbelebung aller biologischen Kräfte des Kosmos garantieren würden, und sah im Fließen von Opferblut die Voraussetzung für eine kosmische Erneuerung.

Beispiele: Im Moment der Aussaat haben die Bauern in feierlicher Zeremonie ein Tier über der offenen Ackerfurche geschlachtet und die frische Erde mit diesem Opferblut getränkt. Ein Fruchtbarkeitsritus zur Regeneration des Bodens. Auch Menschenopfer gab es in vielen Kulturen, ich denke insbesondere an das mexikanische Herzopfer, das der Sonne dargebracht wurde und die Vermehrung ihrer Strahlung bewirken sollte. Oder die nordeuropäischen Moorleichen, aus heidnischen Zeiten, die aufgrund ihrer Konservierung im Moor archäologisch mühelos als Menschenopfer bestimmt werden konnten.

Bei uns in Ägypten wurde im Frühjahr ein sehr junges Mädchen lebend dem Nil übergeben, um diesen gewaltigen Strom günstig zu stimmen und sich seines lebensnotwendigen Wasserhochstandes zu versichern, d. h. seines Übertretens über die Ufer mit dem weiten Ausschwemmen seines schwarzen, fruchtbaren Schlammes. Als AROUSS EN-NIL hat man das Mädchen bezeichnet, als die „Nilbraut". Und diese Nilbraut starb bei uns über Jahrtausende! Seit pharaonischen Zeiten hat man dieses Menschenopfer bis weit in die frühchristliche Ära hinein alle Jahre vollzogen.

Man spricht hier auch vom „magischen" Charakter der alten Opfer, denn man glaubte an ihre prompte Wirksamkeit, jenes „ex opere operato" (durch das vollzogene Werk). Die kultischen Worte galten als magisch wirkende Kräfte, so wie man bei den Naturvölkern bis heute an die „todsichere" Wirkung eines Fluches glaubt und von ihm Gebrauch macht.
So auch bei den alten Opfern. Ein Opfertod erwirkt unfehlbar eine kosmische Erneuerung. Ob das Universum von den Menschen des Altertums als anonyme Größe, als bunte Geisterwelt oder als persönliche Gottheit verstanden wurde, war von Kultur zu Kultur verschieden, änderte aber nichts an Form und Sinn des Opfers, das in allen Fällen eine Lebenserneuerung und Stärkung der biologischen Kräfte gewährleisten sollte.

• ZWISCHENMENSCHLICHE BLUTBÜNDNISSE

An die bindende Kraft des Blutes glaubte man seit altersher. Beim Beträufeln des offenen Ackers mit dem frischen Blut eines Opfertieres beabsichtigte man, den Acker an die Gottheit zu binden. Aber auch Menschen binden sich durch Blutbündnisse. Wir denken an die Blutsbrüderschaft, die als ein Stammesbrauch bei den Naturvölkern noch immer geschlossen wird, denn durch das „Zaubermittel" Blut, als das es schon im Alten Ägypten galt, kann man zu Brüdern auf Zeit und Ewigkeit werden. Das Blut wird einer Schnittwunde am Daumen oder Arm gegenseitig entnommen und eingeschlürft oder aus Schalen getrunken, pur oder mit Wein gemischt. Auch Steine werden mit dem gemischten Blut der Bündnispartner bestrichen, um sie zeitlebens als Zeichen eines unauflöslichen Paktes am Leib zu tragen.

In Ägypten lebt bis zur Stunde der Brauch des blutzeugenden Tüchleins, das am Morgen nach der Brautnacht vom Fenster oder Balkon gezeigt werden muß. Dem mündlichen Bund, der tags zuvor unter Zeugen zwischen den Brautleuten geschlossen worden war, muß unter allen Umständen das Blutbündnis folgen, denn erst nach Zerreißen des Hymens gilt der Ehebund im Blut als besiegelt. Die Braut hat geopfert. Ob es sich hier allerdings immer um Jungfrauenblut handelt, oder ob in Ermangelung dessen frisches Hühnerblut gelegentlich Ersatzhilfe leistet, das steht freilich auf einem anderen Blatt wie so vieles andere... Gefordert wird aber in jedem Fall das Hervorzeigen des „roten Tüchleins" als Zeichen der vollzogenen Vereinigung, als Zeichen eines ewigen Bundes.

Beispiele dieser Art könnte man reichlich aus der Vergangenheit heraufholen oder aus der heutigen Völkerkunde vervielfachen, sie lassen alle dieselbe Realität erkennen: Kein wahres Bündnis ohne Blutvergießen, das Symbol des Lebens ist das Blut. Indem ich mein Blut opfere, ist mein Leben betroffen. So wird auch jeder Schwur im Namen des eigenen Lebens geleistet, auch in der Arabischen Welt:

„Wa hayati!" – Bei meinem Leben!

Der Mensch engagiert sich mit Leib und Leben, um ein bestimmtes Versprechen durch einen Bündnisschluß zu respektieren und weiß, daß er dafür vom Kostbarsten, das er besitzt, opfern muß.

• BLUTBÜNDNISSE VON SEITEN GOTTES

Kein stärkeres Bündnis als das im Blut, unser Bündnis mit Gott ist dabei keine Ausnahme. Gott sucht aufgrund seines Heilswillens eine personale und bindende Beziehung zum Menschen und stiftet seinerseits mehrere Blutbündnisse – nachzulesen in den Büchern Mose und bis zum *„Neuen und Ewigen Bund"* in Jesus Christus, dem letzten und endgültigen. Im Alten Testament ist uns der Beschneidungsritus am geläufigsten, ein Gebot, das Abraham von Gott erhielt, wobei das Opfer am Lebensglied des Mannes vollzogen werden sollte:

> *„Am Fleisch eurer Vorhaut müßt ihr euch beschneiden lassen. Das soll geschehen zum Zeichen des Bundes zwischen mir und euch. Alle männlichen Kinder bei euch müssen, sobald sie acht Tage alt sind, beschnitten werden, in jeder eurer Generation. So soll mein Bund, dessen Zeichen ihr an eurem Fleische tragt, ein ewiger Bund sein."*
>
> (Genesis 17)

Bei jeder Beschneidung wird bis heute bei den Juden dieses Opferbündnis, das der Gott Israels mit seinem Volk geschlossen hat, aktualisiert. Wenn aber die Opfer im Alten Bund an Tier und Mensch vollzogen werden, so fließt bei der Gründung des Neuen Bundes GÖTTLICHES BLUT. Wer von Ihnen hörte bei all diesen Vergleichen nicht längst in seinem Innern die Kelchworte Jesu:

> *„Dieser Kelch ist der neue Bund in meinem Blut, das für euch vergossen wird."*
>
> (Lukas 22,20)

Im Blut Jesu nehmen wir seine heiligmachende Wirkung auf, in ihm wurde der Neue und Ewige Bund VON SEITEN GOTTES mit dem Menschen geschlossen. Durch die Aufnahme des Sohnesblutes in der Kommunion werden wir in die göttliche Familie aufgenommen, werden Glieder derselben, werden zu Gottessöhnen und Gottestöchtern innerhalb jener universalen Lebensgemeinschaft, die wir den Mystischen Leib nennen. Hören wir dazu die drei großen Gestalten des Neuen Testaments, Paulus, Johannes und Petrus:

> *„Ohne es verdient zu haben, werden sie gerecht, dank seiner Gnade durch die Erlösung in Christus Jesus. Ihn hat Gott dazu bestimmt, Sühne zu leisten mit seinem Blut, Sühne, wirksam durch Glauben."*
>
> (Römer 3,24–25)

> *„Wenn wir aber im Licht leben, wie er im Licht ist, haben wir Gemeinschaft miteinander, und das Blut seines Sohnes Jesus reinigt uns von aller Schuld."*
>
> (I Johannes 1,7)

> *„Ihr wißt, daß ihr aus eurer sinnlosen, von den Vätern ererbten Lebensweise nicht um einen vergänglichen Preis losgekauft wurdet, nicht um Silber oder Gold, sondern mit dem kostbaren Blut Christi, des Lammes ohne Fehl und Makel."*
>
> (I Petrus 1,18–19)

Die Christenheit spricht von diesem „kostbaren Blut" seit frühester Zeit, verstärkt dann im Mittelalter, und seit 150 Jahren feiert die Katholische Kirche alljährlich das „Fest des Kostbaren Blutes". Auch im Protestantismus kennen wir eine „Blut-Mystik", ich denke an die Pietisten. Meine lieben Freunde, angesichts der Kostbarkeit dieses Blutes verstehen wir einmal mehr, weshalb das Wort „Eucharistie" übersetzt „Danksagung" heißt.

• DAS CHRISTUSOPFER IN KOSMISCHER SCHAU

Betrachten wir nun das Christusopfer in kosmischer Sicht, und suchen wir nach dem grundsätzlichen Unterschied zwischen allen vorangegangenen Opferformen, zu denen wir später noch einmal zurückblenden müssen. Das Jahr über feiern wir dieses „Heilige Opfer", weil es „Göttliches Opfer ist", und in der Osterwoche gewinnt es, etappenweise wachsend, in ganz besonderer Weise in unserer Seele Gestalt. Zugleich wird es als ein strahlend frohes Frühlingsfest gefeiert, denn das Christusopfer steht, wie die anderen Opfer auch, in enger Beziehung zum kosmischen Leben und dessen Regenerierung. Es unterscheidet sich jedoch in drei wesentlichen Punkten von allen vor- oder nichtchristlichen Opfern:

> *I – Das Leben, das durch das Christusopfer erneuert wird, ist nicht das allgemein biologische Leben der Welt, sondern es ist das Leben des Lebens, das eigentliche Leben, DAS LEBEN IM GEIST.*
>
> *II – Das Objekt des Opfers, Jesus Christus, steht jenseits aller Normen, es steht in einer anderen Ordnung, weil es das SUBSTANTIELLE LEBEN DER WELT IN PERSON ist. Und in dieser Person pulst das Leben in seiner ganzen Begriffsfülle, sodaß sich in der Darbringung ihres Selbstopfers für alle Zeit der Sieg des Lebens manifestiert hat. Das Christusopfer ist ein einmaliges Opfer, denn es hat die Todesüberwindung definitiv zur Folge gehabt.*
>
> *III – Durch diese einzigartige Opferwirkung entkommt der Mensch dem depressiven Zyklus der Wiederholung, in den ihn seit grauer Vorzeit die menschlichen Vorstellungen eingeschlossen hielten. Die Geschichte ist kein ewiger Rücklauf und mühseliger Neubeginn am selben Punkt, sondern sie besteht trotz kosmischer Kreisbewegungen in einem steten Höherschreiten, ausgerichtet auf das endgültige Heil.*

Diese Zielbewegung in der Form einer Spirale gibt der Geschichte allen Sinn und unserem Lebenskampf alle Rechtfertigung. Das Christusopfer vollzieht jetzt real das, was die früheren Opfer sinnbildlich vollzogen hatten und es deshalb materiell unaufhörlich wiederholen mußten. Unsere Ahnen unterschieden noch nicht zwischen dem Behälter und dem Inhalt, zwischen dem Symbol und der Wirklichkeit, sondern das Zeichen war mit der Sache identisch, die Geste mit dem

Sinn, das Sakrament mit dem Opfer. Nun aber gibt es keinen symbolischen Opferritus mehr, sondern wir haben es mit der denkbar dichtesten Weltrealität zu tun. Christus kam, um diesen monoton scheinenden Zyklus zu durchbrechen, den *„Mythos der ewigen Wiederkehr"*, wie Mircea Eliade ihn nannte, und führte die Welt ins Vollgültige und Endgültige. Durch ihn ist der Kosmos im tiefsten Sinn und bis ans Ende der Zeiten regeneriert, denn: ER IST IM GEIST ERNEUERT WORDEN … und *„der zweite Tod"* (Franz von Assisi) ist vernichtet!

Seitdem glüht das Christusopfer im Herzen aller Wirklichkeit und Wahrheit, weil der sich Opfernde das SUBSTANTIELLE LEBEN DER WELT ist. Sein Opferakt ist daher wirksam im höchsten Maß und konnte das Universum vollständig erfassen, von innen her erleuchten und es Tod, Zerfall und Zersetzung entreißen. Wer hier geopfert wurde, ist weder Tier noch Mensch im Sinne der frühen Menschenopfer, sondern der höhere Mensch, der Gottmensch, der inkarnierte Schöpfergott, das fleischgewordene WORT, von dem Johannes sagte, in ihm sei das Leben (1,4a), das SUBSTANTIELLE Leben.

Derjenige, der seit Schöpfungsbeginn die lebendige Seele des Universums ist, das Leben der Pflanzenwelt unseres Planeten in ihrem göttlichen Geheimnis und all ihrer Pracht, das Leben der wahren Wunderwelt der Tiere, vor der wir nur ehrfürchtig verstummen können, und das so überreiche Leben des viel- und tiefschichtigen Menschen, dieser hat sich entschlossen dem Tod gestellt und ihn in einem furchtbaren Duell auf sich abgeleitet, um ihn in seinem eigenen Innern vernichten zu können.

„Mors et vita duello conflixere mirando",
(Tod und Leben stritten im Kampfe, wie nie einer war)

so lautet eine Zeile aus der lateinischen Ostersequenz. Das Leben siegte beim Kampf der Kämpfe, es wurde vom Tod entlassen, um mit Christus ins Höhere und Ewige aufzusteigen. Das Kreuzesopfer ist deshalb etwas Einmaliges, es wird sich niemals wiederholen oder in irgendeiner Form erneuern müssen, WEIL ALLES GETAN IST. Hören wir den Verfasser des Hebräerbriefes, wie er dieses Opfer erkennt:

> *„Christus..., einer, der es nicht Tag für Tag nötig hat, wie die Hohenpriester zuerst für die eigenen Sünden sein Opfer darzubringen und dann für die des Volkes, denn das hat er ein für allemal getan, als er SICH SELBST dargebracht hat."*
>
> (Hebräer 7,27)

> *„Christus ist ein für allemal in das Heiligtum hineingegangen, nicht mit dem Blut von Böcken und jungen Stieren, sondern mit seinem eigenen Blut, und so hat er eine EWIGE ERLÖSUNG bewirkt."*
>
> (Hebräer 9,12)

Das christliche Opfer erhebt den Anspruch, das einzig wahre Opfer zu sein, welches das verwirklicht, was die alten Opfer nur symbolisch dargestellt hatten. Trotzdem: Ihr Anspruch, den Menschen damit zu vergöttlichen, hat aus unserer Sicht etwas Rührendes und Erschütterndes, weil nur die Gott-Mensch-Begegnung in Jesus Christus und ihre Besiegelung in dessen Opfertod allem Verlangen der Jahrtausende Wirklichkeitsgehalt geben kann. Erst im geschichtlichen Doppeldrama INKARNATION-ERLÖSUNG realisiert und konkretisiert sich eine Sehnsucht, die so alt ist wie die Welt, wurzelnd im intuitiven Wissen von der Lebenseinheit von Schöpfer und Geschöpf:

DER MENSCH WILL SO WERDEN WIE GOTT.

Wenn die alten Opfer der Versuch des Menschen waren, Gott zu erreichen, so ist das christliche Opfer der Versuch Gottes, zum Menschen zu gelangen, und er erreicht ihn wirklich in seiner irdisch schweren Dimension –

DENN DAS WORT WAR FLEISCH GEWORDEN.

Keine Kultszenen mehr unter Zeichen und Symbolen, bei denen Wünsche für Realität genommen wurden, sondern das gelebte Drama von Golgotha spielt auf der irdischen Realitätsebene historisch vollkommen wahr – und schrecklich. Das göttliche Sühneopfer attackiert das kosmisch Böse wie das menschlich Böse an der Wurzel. Doch wird es nicht nur im Sinne einer Wiederherstellung der ursprünglichen Situation wirksam, sondern in neuer, überhöhter Form. Wir wurden in den Gnadenstand zurückversetzt und dabei neu geschaffen, besser und gottfähiger denn je!... Nun liegt es an uns, meine lieben Freunde, diese Neuschöpfung an uns sichtbar werden zu lassen.

• AKTUALISIERUNG EINES GESCHICHTLICHEN AUGENBLICKS

Nachdem Sie nun all das gehört haben, werden Sie mich fragen:

> *„Wozu dann noch unsere Meßfeier, wozu diese unnennbare Zahl von Eucharistiefeiern durch Raum und Zeit, wenn das Christusopfer einzigartig und unwiederholbar ist, eindeutig und definitiv wirksam? Welche Notwendigkeit für die Geistlichen, die Messe alle Tage und für uns, sie alle Sonntage zu feiern?"*

Darauf antworte ich Ihnen: Weil unsere Messen keine Wiederholungen des Christusopfers sind, sondern seine Aktualisierung. Das ist das verborgene Wunder der Messe, daß sie uns, die Zeiten überbrückend, Zugang zu diesem einzigartigen Gottesopfer gewährt, das in Jerusalem geschichtlich vollzogen und persönlich erlitten wird. Die Eucharistie macht uns das Ereignis von Golgotha voll gegenwärtig, wir werden Zeitzeugen dieses Passionsdramas, sie erlaubt uns, auf mystische Weise wahrhaft an diesem Opfer teilzunehmen – mystisch und real –, das ist nicht Widerspruch, sondern Verdichtung. Real versammeln wir uns an dieser historischen Stätte und werden mit Jesu Mutter und den beiden treuen Jüngern, Johannes und Maria Magdalena, Zeugen dieser Welterlösungsstunde. Während jeder Messe, unter welchen Umständen auch immer, in einem ehrwürdigen Dom oder unter Verfolgung im Untergrund, zu tausend, zu zweit oder allein, findet dieses Kreuzesopfer statt, weil uns jede Messe eintaucht in die Tiefen von Raum und Zeit und wir beides überschreiten. So dürfen wir im Glauben dieses historische Geschehen als aktuelles Geschehen miterleben, hautnah, wahr und immer gegenwärtig.

Wenn ich sage „hautnah und wahr", dann denke ich an jene Heiligen und Stigmatisierten, die es nicht nur im Glauben miterleben, nicht einmal nur visionär den Tod Jesu schauen, sondern die den ganzen Schmerz der Passion in ihren Freitagsekstasen an Leib und Seele, sogar sichtbar für andere an ihrem blutenden Leib, miterleiden. Sie wissen, was mit dem Wort *Aktualisierung eines geschichtlichen Augenblicks* gemeint ist, denn für sie geht es um das aktuelle Dabeisein. Marthe Robin, von der wir sprachen, nannte man deshalb „das Echo des Kreuzes". Und von Therese Neumanns Sprachcharismen sprachen wir auch. Weil auch sie in ihrer Entrückung (Überwindung von Zeit und Raum) alle Freitage dabei war und bis zu dreißig verschiedene Szenen um Jesus sinnlich wahrnahm, konnte sie aramäische und griechische Gespräche mit anhören und sie wiedergeben, obwohl diese einfache Dorfmagd nicht die geringste Kenntnis dieser Sprachen besaß. Sie beschrieb auch aufs genaueste und nachweislich korrekt die damaligen palästinensischen Wohnbauten.

Das Christusopfer ist in seiner geschichtlichen Eigenschaft auch ein definitiver Punkt an der Zeitoberfläche, obwohl es sich zugleich im Zentrum der Zeit befindet, weil es göttliches und damit transzendierendes Tun ist, d. h. ein Raum und Zeit überschreitendes Geschehen. In seiner Eigenschaft als Mensch hat Christus sich als Schußgarn in unsere Weltgeschichte eingewebt, als ihr wichtigstes, verbindendes Element, und in seiner Eigenschaft als Gott hat er die Geschichte transzendiert und sie in seinem Innern zusammengefaßt. Selbstverständlich muß dann der Akt seines Selbstopfers Räume und Zeiten überschreiten und eine kosmische Dimension annehmen, eine alles durchdringende, universelle Dimension. Jede Messe bedeutet für uns Gläubige ein Hineingleiten in diesen unvergleichlichen und ewigen Augenblick, in dem wir im Christustod mit der gesamten Schöpfung von grundauf neu gestaltet wurden.

• DAS SELBSTOPFER ALS HÖCHSTE GOTTESWEIHE

Doch über die Regeneration des Kosmos hinaus offenbart uns dieses Opfer noch eine andere Dimension: Die vollendete Gottesweihe in der Ganzhingabe. Das Selbstopfer ist „der" religiöse Akt überhaupt, es ist „der" Schritt par excellence, durch den die Kreatur an ihre Quelle zurückgelangt, um sich mit ihrem Schöpfer wieder zu vereinigen. Durch diesen Akt kommt sie ganz ans Ziel, denn indem sich der Mensch ganz verschenkt, versetzt er sich an seinen Gottesort zurück und verkündet, daß ihm bewußt geworden ist, daß er sich nicht selbst gehört. HERR, ICH BIN AUS DIR, ICH BIN DURCH DICH, SIEHE, ICH KEHRE ZURÜCK! Der Mensch, der seinen Existenzgrund in Gott hat und sich aus ihm ständig neu empfängt, muß an diesen Ursprungsort zurückkehren. Es ist der „naturhafte" Trieb des Selbstverzichts, überall anwesend in der Schöpfung.

Leider ist dieser Zusammenhang noch nicht hinreichend erkannt worden. Beobachten wir nicht, daß der spirituell Gleichgültige daher das Gegenteil praktiziert? Geht seine ganze Anstrengung nicht dahin, sich möglichst vollständig zu besitzen, allein, ungestört und ungeteilt? Er lebt ein Leben auf sich konzentriert, mit sich beschäftigt, und festgeschraubt in sich selbst verweigert er energisch seine Hingabe. Es liegt ihm gänzlich fern, sich an etwas Überpersönliches zu vergeben, denn er kann und will nicht verstehen, daß er sich dabei um ein Vielfaches vergrößert wiederfinden würde, um ins Unendliche hineinwachsen zu können. Dem großen spirituellen Gesetz der Opfergesinnung, so alt wie die Schöpfung – VERLUST BEDEUTET GEWINN – schenkt er keinen Glauben. Doch muß sich der Mensch zu dezentralisieren lernen, um ins Universum vorzustoßen, dorthin, wo seine wahre Heimat ihn erwartet, im Geistigen, im Kosmischen, im Göttlichen.

So habe ich einmal eine ewig an sich selber leidende Person wachzurütteln versucht, die ihre persönlichen Probleme endlos aufkocht und wahrscheinlich unbewußt genießt, wie das leider tausendfach der Fall ist. Eines Tages war ich meine fruchtlosen Tröstungen leid und rief: *„Schlußstrich, zum Kuckuck! Heute noch steigst Du aus Dir aus und wendest Dich einmal den Problemen anderer zu, Problemen des Elends und der existentiellen Not, hier in Ägypten um Dich her und nicht irgendwo in der Ferne. Ich garantiere Dir, daß wir so mit Deinen eigenen Schwierigkeiten fertig werden, das ist die Medizin! Engagiere Dich!"* Und dann haben wir etwa das folgende miteinander gebetet:

HERR, MACH MICH FREI!

Gib mir die Freiheit Deiner Winde,
die Freiheit Deiner Vögel,
die Freiheit Deines Geistes,
schenke mir den nötigen Humor
und untersage mir,
mich selbst zu wichtig zu nehmen,
denn bei diesem fest auf mich
gehefteten Blick
hafte ich an mir selber fest
und könnte, wie die Frau des Loth,
weil sie zurückschaute,
zur Salzsäule erstarren.
Hilf mir, nach vorn zu schauen,
dorthin wo Du bist!
Du bist immer vor mir
und niemals hinter mir,
Du bist die Wahrheit,
und nur Wahrheit schenkt Freiheit.
Du selbst bist diese Freiheit,
die mich zur tätigen Liebe
an den andern befreit,
wobei ich selbst frei werden kann.

Ich habe in der Wüste gepredigt und Steine beten lassen. Diese Person leidet noch immer hinter den Eisengittern ihres

Privatgefängnisses, in das sie sich selber eingelötet hat. Nichts Schlimmeres für den Menschen als das! Nichts Schrecklicheres als die Unfähigkeit, sein Ego zu überwinden, um aus seinem Ich herauszufinden in die Freiheit. Für mich ist das eines der greifbarsten Höllenbilder.

• SOUVERÄNE FREIHEIT

Dieses innere Losschälen bedeutet freilich ein hartes Opfer, und es ist das beste Opfer. Der Mensch durchbricht unter Aufwand edelster Kräfte seinen EGO-Panzer und entscheidet sich zur Selbsthingabe. Im Selbstverzicht wird er zum Angebot, denn er ist nun mal nicht das Zentrum, um das die Planeten kreisen. Gelingt es ihm, dann wird er bald erkennen, daß in diesem Selbstverzicht seine Selbstwerdung enthalten ist, denn nur im Selbstopfer offenbart sich das Geheimnis wahrer Freiheit. Mein EGO ist ja doch mein Alles und mein Über-Alles, sobald ich aber nicht mehr darum bangen muß, weil ich fähig war, es aufzuopfern, bin ich restlos frei geworden. Dann regiert meine souveräne Freiheit, die ich mir erwarb, selbst über den Tod, und wenn meine letzte Stunde schlägt, dann bedeutet mein Sterben kaum mehr für mich als eine Formalität – selbst unter Schmerzen –, und bald werde ich die totale Gotteserfahrung machen können.

Die zentrale Daseinsangst gründet in der Todesangst, demnach ist nur der wirklich frei zu nennen, für den dieses Kapitel bereits abgeschlossen hinter ihm liegt. Im wahren Opferakt stirbt die menschliche Todesangst, weil man sich frei entscheidet, von sich wegzusterben, und später, wenn einem einmal alles abverlangt wird, nichts mehr zu verlieren hat. Dieses Ganzopfer kann man im Leben üben, ein kleines Teilopfer ist unzureichend. Ich wiederhole mich deshalb: Die schlimmste Versklavung ist die Selbstversklavung durch das Einpanzern in den Kerker der Egozentrik und des Egoismus. Die schlimmste Sklaverei wird durch den falschen, lebensverdunkelnden Geist der Selbstsucht, der Selbstbespiegelung, der Selbstbezogenheit geschaffen und genährt. Und nur die aktive Liebe und Nächstenliebe führen aus der eigenen Dunkelheit heraus, wobei jede Liebe immer mit Gott zu tun hat:

> *„Bis heute liegt die Hülle auf ihren Herzen, sobald sich aber einer dem Herrn zuwendet, wird die Hülle entfernt."*
>
> (II Korinther 3,15–16)

Wie gern, meine Freunde, würde ich alle Menschen zur Liebe verlocken! Denn wenn ein Wesen zu lieben beginnt, dann springt die trockene Kruste der Eigenliebe auf, und sein Herz wird bald damit einverstanden sein, dem geliebten Menschen – oder Gott – in der Absage an sich selbst, die eigene Mitte freizumachen. Und je mehr dabei das Wesen, die innere Person, aus diesem Individuum hervortritt, umso gegenwärtiger wird Gott in unserer Welt, der sich in diesem Wesen inkarniert.

• SINN DER GEISTLICHEN WEIHE

Liebe und Opfer stehen seit Menschengedenken in engster Beziehung zueinander. Daß es sich hier um wesentlich nur eine Realität handelt, ist längst Erkenntnis für jedermann, denn lieben bedeutet in jedem Fall, das Sich-zurück-Nehmen zugunsten des andern. Keinen anderen Sinn hat ein Opfer als ein Liebesopfer zu sein, und somit ist jedes Opfer ein Liebesakt, eine Ekstase des Sich-Vergessens zum Vorteil eines andern.

Das ist auch der tiefe Sinn der geistlichen Weihe, wenn sich ein gesunder, zwanzigjähriger Mensch im Vollbewußtsein seiner Freiheit und Bildung, im Vollbesitz seiner Blütejahre, in denen sein ganzes Wesen brodelt und Leib und Seele am aktivsten sind – anhält und zu Gott sagt:

> *Nimm alles! Alles was ich bin und habe, nimm es! Ich weihe es Dir in der Kraft meiner Liebe zu Dir, in meiner Liebe zu den Menschen, in meiner Liebe zur Welt. Nimm mir alles ab!*

Armut, Keuschheit und Gehorsam – diese drei Gelübde sind der Ausdruck eines bejahten EGO-Todes im Mitgekreuzigtsein. *„Wir wissen doch, unser alter Mensch wurde mitgekreuzigt"*, schreibt Paulus (Röm. 6,6a). In der koptischen Tradition Ägyptens nimmt dieses Sterben eine symbolisch radikale Form an; der junge, orthodoxe Mönch streckt sich bei seiner Weihe auf die blanke Erde hin, und seine Mitbrüder rezitieren über ihm das Totengebet. Danach erhebt er sich als Auferstandener von den Toten, erhält einen neuen Namen und beginnt ein vollkommen anderes Leben. Der alte Mensch ist mit ihm gestorben, der neue mit ihm zur Geburt erwacht.

> *Wer in Christus ist, der ist eine neue Schöpfung,*
> *das Alte ist dahin."*
>
> (II Korinther 5,17)

Dieses Sterben und Auferstehen stellt die religiöse Weihe dar, die einen Tod in der hohen Freude bedeutet, zielbewußt und frei gewählt. Äußere Mächte können einen jungen Menschen dazu nicht verführen, das gibt es nicht. Er fühlt und versteht die regenerative Bedeutung seiner Entscheidung für das Ganze, zudem lebt dieser Gottgeweihte heute schon jenseits seines Todes.

Leider, das muß ich allerdings hier einmal anfügen, sollten diese drei Gelübde heute neu überdacht werden, denn so wie sie immer mehr gelebt werden, hat man den Eindruck, man habe sie auf den Kopf gestellt. Nehmen wir nur das Armutsgelübde, das fleißig gelobt wird, wo aber wird es gelebt? Der Priester, sofern er nicht irgendwo in den Slums für die Ärmsten schuftet oder als Missionar täglich sein Leben riskiert, hat sich im allgemeinen in einem bequemen Wohlstand häuslich niedergelassen. Das aber war nicht die Idee. Und die anderen beiden Gelübde zeigen leider nur zu oft die tragische Konsequenz, Ordensfrauen und Ordensmänner bis ins Alter in einem erschreckenden, ans Herz greifenden Infantilismus verharren zu lassen. Sie sind menschlich nicht wirklich gereift und zur Eigenkompetenz erwacht, weil sie ein Leben lang keine Selbstverantwortung üben konnten. Wenn ich bei solchen Beobachtungen am liebsten aufweinen möchte, dann verstehe ich immer besser, warum Luther den Römerbrief als Textgrundlage seiner Lehre gewählt hat, er wollte schon damals den Menschen die Freiheit schenken, die Freiheit der Gottessöhne und Gottestöchter. Ich denke, daß wir Katholiken vom Protestantismus noch eine Menge zu lernen haben.

Wir sprachen vom mystischen Tod bei der geistlichen Weihe. Ähnliches drückt auch die Taufe aus. Mit dem kleinen Kind, das ins Wasser getaucht wird, stirbt der alte Mensch, und eine Neugeborener verläßt das Becken. Auch die Taufe ist dieser Vollzug von Tod und Auferstehung, sie ist unsere Grundweihe, alle Christen sind bereits durch ihre Taufe Gottgeweihte. Die beiden Wörter „weihen" und „opfern" haben dieselbe etymologische Wurzel in den romanischen Sprachen und können dort leicht an denselben Ursprung zurückgeführt werden: „heiligen". Es geht ja doch um das Handlungsergebnis, nach dem eine Sache oder eine Person heilig zu nennen ist. Eigentlich sollte sich auf irgendeine Weise jeder Mensch Gott darbringen wollen.

Und hier sind wir wieder beim Verständnis für unsere Vorfahren, denen das Menschenopfer als kompromißloses Ganzopfer das höchste, stärkste und heiligste Zeichen war. Unsere erwähnte Nilbraut, die Moorleichen, die mexikanischen Herzspenden sind längst nicht die einzigen Menschenopfer im Altertum. Auch im angesehenen Phönizierreich, bei den Kanaanitern, wie bei den Azteken in Mexiko ist z. B. das sakrale Töten von Kindern belegt. Die Kinderopfer wurden wie unsere Nilbraut ertränkt, oder man ließ sie auf einer kultischen Anhöhe „durchs Feuer gehen" – sie wurden lebendig verbrannt.

Hier denken wir an das Brandopfer Isaaks, das Sohnesopfer! Es war als ein Glaubenstest befohlen und dann erlassen worden, ein Widder-Brandopfer durfte es ersetzen. Obwohl nun das Menschenopfer auf dem Gottesaltar von Tieren abgelöst wurde, sah sich der Mensch weiterhin selbst als dieses Schlachtopfer, das sich in seinem inständigen Begehren nach Gott darbrachte, in seiner frommen Gesinnung der vollkommenen Selbsthingabe.

• FÜR GOTT IST NUR DAS BESTE GUT

So können wir auch verstehen, daß ein Opfertier das prachtvollste aus dem Herdenbesitz sein mußte – oder ein Erstling. Denn alles geschah unter dem edlen Gedanken ALLES FÜR GOTT, DAS BESTE! Es ging um die absolute Qualität des Opfergegenstandes oder um die Priorität: Der erste Anschnitt der reifen Ernte, das erste Glas Wein bei einer Festveranstaltung, das wie bei einem Zechgelage auf den Boden hingegossen wurde, doch in welch feierlichem Ernst der Gottheit dargebracht! Seit allen Zeiten hat man verstanden, daß für Gott nur das Beste gut ist, er bekommt das, was der Mensch selbst am höchsten schätzt.

Mein Rat aus persönlicher Erfahrung, meine lieben Freunde: Setzen Sie Ihre Gebetszeit des Tages dort an, wo Sie ganz und gar der volle Mensch sind, allen Inspirationen offen und nicht am Ende eines arbeitsreichen Tages im Dämmerzustand des Halbschlafs. Nutzen Sie die junge Morgenstunde, in der Sie frisch und aufnahmefähig für Gott sind, wenn Tageslärm und Tagesstreß sie noch nicht erreichen können. Ich persönlich schenke Gott deshalb die erste Stunde am sehr frühen Morgen als Zeichen absoluter Priorität, denn es ist meine wertvollste Zeit des Tages.

Für Gott ist nur das Beste gut, und ich frage mich, wie kommt es dann, daß viele Eltern, die sich praktizierende, gläubige Christen nennen und sich jahraus und jahrein pünktlich zur Messe einfinden, fuchsteufelswild werden, wenn ihr Sohn oder ihre Tochter von der Sehnsucht ergriffen sind, sich Gott zu weihen? *„Soll das Dein Ernst sein? Bist Du von Sinnen? Bist Du krank? Hast Du Depressionen? Bist Du unglücklich verliebt? Wer hat Dich enttäuscht? Was fehlt Dir hier im Hause?"*... Und dann folgt die Strategie angespannter Überredungskünste, um das Kind von seiner irrigen Entscheidung abzubringen, indem man es zu überzeugen sucht, daß das ganze wohl kaum mehr als ein Scherz sein dürfte, eine Laune, die rasch vorübergehen werde...

Doch hat diese Idee, GOTT ALLES HINZUSCHENKEN,

nichts Absurdes, wir können sie zurückverfolgen bis zu den Anfängen der Menschheitsgeschichte, und sie wird sich bis zum Letzten Tage behaupten, das verspreche ich Ihnen! Gott bleibt Gott, er selbst ist dieses ALLES, er verdient es, daß ich ihm mein Liebstes und mein Bestes hingebe, daß ich ihm gerade das auswähle und weihe, was mir selbst das Teuerste ist, und sei es mein eigenes Kind. Das ist das ewige Isaak-Opfer, meine lieben Freunde. Abrahams JA hatte kein Zögern und Argumentieren gekannt, auch wenn sein Herz am Ausbluten war – und das war im Wesen schon das vollzogene Opfer, dessen Vollzug ihm erspart bleiben konnte, denn seine äußerste Glaubens- und Vertrauensprüfung hatte er vor Gott bestanden und hörte die Worte:

> *„Ich habe bei mir geschworen: Weil du das getan hast und mir deinen einzigen Sohn nicht vorenthalten hast, will ich dir Segen schenken in Fülle, und deine Nachkommen sollen das Tor ihrer Feinde einnehmen. Segnen sollen sich mit deinen Nachkommen alle Völker der Erde, weil du auf meine Stimme gehört hast."*
>
> (Genesis 22,16–18)

Im Alter von 16 Jahren, ein halbes Jahr vor meinem Berufungserlebnis, hatte ich eine Art Testerfahrung. Meine Innere Stimme befahl mir unvermittelt, mich heroisch von meiner künstlerisch besten Zeichnung zu trennen, auf die ich maßlos stolz war und die meinen Zukunftstraum nährte und steigerte, einmal Künstler zu werden. Nicht verschenken sollte ich das Blatt, wobei ich vermutlich neues Lob geerntet hätte, nein, ich sollte es unwiederbringlich VERNICHTEN... Ich habe es geschafft und war damit frei geworden von meinem zeichnerischen Talent, das mich bereits verführt und gefesselt hatte, ich war frei für Gott geworden, dessen Ruf ich einige Monate später besser und klarer verstehen konnte.

• DIE VIER ASPEKTE DES NICHTCHRISTLICHEN OPFERS

Ich nähere mich nun mit Ihnen, meine lieben Freunde, dem tatsächlichen Vergleich des alten Opferritus mit dem Christusopfer.

Erste Etappe: DIE RITUELLE DARBRINGUNG. Die Weihegabe wird der Gottheit in feierlicher Zeremonie dargebracht.

Zweite Etappe: DAS SCHLACHTOPFER. Im Verlauf dieser Zeremonie wird dem Opfertier die Kehle durchschnitten und Gott dieses Opfer geweiht.

Dritte Etappe: DAS BRANDOPFER. Das Opfertier wird auf dem Altar verbrannt, wobei der stark aromatische Rauch zum Himmel aufsteigt und sich die Opfergabe zu Gott emporschwingt. Sie ist ihm wohlgefällig, er macht sie sich zueigen.

Vierte Etappe: DAS SCHLACHTOPFERMAHL. Ein zurückbehaltener Rest des Brandopfers wird von den Teilnehmern an der Opferzeremonie sakramental verspeist. Jetzt ist Gott nicht mehr der Empfänger der Gabe, weil das Opfertier seit der dritten Etappe sein Eigentum wurde, sondern der Mensch sitzt jetzt „am Tisch des Herrn", er wird als Teilnehmer zu diesem Opfermahl geladen, und indem er vom Schlachtopfer ißt, hat er das Gefühl, mit Gott zu kommunizieren.

Ich erkläre mich näher: Das heilige Mahl gilt als eine der ältesten Opferformen. Und wirklich, im Bereich des menschlichen Lebens gibt es neben dem ehelichen Akt keinen anderen, der stärkere Nähe und größere Intimität ausstrahlt als ein harmonisch miteinander eingenommenes Mahl. Ich meine besonders die traditionelle Mahlzeit, wie sie bei uns im Volk noch weit verbreitet ist, bei der viele Personen ihre Hand in dieselbe Schüssel tauchen, vom selben Brot brechen, aus dem selben „kuz" trinken (dem herumgehenden Trinkbecher), und wo sich alle miteinander in Kommunion befinden. In einer solchen Runde blüht die Geschwisterlichkeit wie durch Familienbande, und tatsächlich wird eine „Blutsverwandtschaft" untereinander geschaffen. Wenn eine Familie einen Fremden ins Haus und an den Tisch bittet, dann darf er sich als Teil der Familie betrachten und sich als Kind des Hauses fühlen. Es ist in erster Linie dieses gemeinsame Mahl, das den Fremden zum Bruder macht. Wird diese Speise, die alle einnehmen, nicht auch zum gleichen Fleisch und Blut werden, also eine leibliche Verbindung schaffen?

Eine Mahlzeit ist eine andere Form, das Leben weiterzugeben, ähnlich wie beim ehelichen Akt. Ich gebe das Blut, das ich von meinen Eltern erbte, an meinen Tischgast weiter, wenn wir gemeinsam essen und trinken und durch diesen Verwandlungsprozeß zu „Blutsverwandten" werden. Das ist die tiefsinnige Bedeutung des geschätzten Gastmahls bei den Naturvölkern, die wir „primitive Völker" nennen... Leider geht der Sinn dieser Dinge in unserer modernen Zivilisation in rapidem Tempo verloren.

Soweit das gewöhnliche Sättigungsmahl. Wenn wir aber vom heiligen Opfermahl sprechen, dann ist der an den Tisch gebetene Gast nicht irgendein Mensch, sondern Gott als Person. Doch hier müssen wir achtgeben: Wenn ich Gott bitte, an meinem Mahl teilzunehmen, dann kann nicht er mein Blutsverwandter werden, sondern ich werde der seine. Und wie bitte ich Gott an meinen Tisch? Durch den rituellen Opferakt, dargebracht als Brandopfer, das nicht restlos verbrennt, sondern als zurückbehaltener Teil für die am Ritus beteiligten Menschen zum Verzehr dient. Nun ist es nicht mehr der Mensch, der Gott zu Tisch bittet, sondern Gott kommt und verbindet sich seinerseits real mit dem Fleisch und dem Blut des Menschen. Wieso das? Weil das Opfertier längst Gottes Eigentum geworden war, eine Weihegabe, eine Schenkung des Menschen, dessen Brandrauch zu ihm aufgestiegen war. Deshalb betrachten die Beteiligten jetzt dieses Reststück als Gottesgabe und Gott selbst als Gastgeber an diesem Vereinigungsmahl. Der Mensch nimmt teil an einem Götterschmaus, wird Gast am Tisch des Herrn – und konsequent zuende gedacht, ein Blutsverwandter Gottes. Durch das heilige Opfermahl wird der Mensch in die himmlische Familie aufgenommen, er wird stärker und mächtiger, das Opfer bewirkt Teilhabe am Gottesleben, man hofft auf Vergöttlichung...

• ÜBERTRAGUNG AUF DAS KREUZESOPFER

Erste Etappe: DIE RITUELLE DARBRINGUNG DES OPFERS. GOTT WIRD MENSCH. DIE INKARNATION. Wir sagten, die auf das Göttliche ausgerichtete seelische Spannung unserer Vorfahren erscheint uns ergreifend, es sind Versuche in heiligem Ernst, sich bis zu Gott hin auszustrecken, während es sich beim christlichen Opfer um einen Gnadenakt Gottes handelt, der sich in eigener Person engagiert und in seinem großen Heilswerk das begann, was der Mensch aus seiner Geschöpflichkeit heraus grundsätzlich nicht tun könnte. Jetzt aber offenbart sich Gott und enthüllt sein wahres Wesen dem Menschen, der ihn Jahrtausende suchte: Der unendlich transzendente und zugleich unendlich immanente Gott, Abgrundtiefe kosmischer Weite und zugleich personale Liebe zum einzelnen Menschenwesen! GOTT WIRD SELBST MENSCH. Auf dieser neuen Ebene – nicht mehr phänomenal (in der Erscheinung), sondern ontologisch (real im Sein), verwirklicht die Inkarnation nun die ersehnte Vergöttlichung des Menschen. Christus kommt in die Welt und verkündet:

> *„Aber durch diese Opfer wird alljährlich nur an die Sünden erinnert, denn das Blut von Böcken und Stieren kann unmöglich Sünden wegnehmen. Schlacht- und Speiseopfer hast Du nicht gefordert, doch einen Leib hast Du mir geschaffen; an Brand- und Sündenopfern hast Du kein Gefallen. Da sagte ich:*
> *Ja, ich komme, denn so steht es über mich in der Schriftrolle, um Deinen Willen zu tun."*

(Hebräer 10,3–7)
(vgl. Psalm 40,7–9)

Seit Beginn seiner irdischen Existenz überläßt sich Jesus bedingungslos dem Willen des Vaters, und was das bedeutet, das hat zusammenschauend der alte Simeon erfaßt, als er dem 40-Tage-alten Jesuskind im Tempel begegnet war. Nach mosaischem Gesetz mußte der erste Sohn der Familie (wieder der Erstling!) im Tempel „dargestellt", d. h. Gott geweiht werden, deshalb waren Jesu Eltern mit ihm nach Jerusalem gekommen. Gleichzeitig wollten sie, so heißt es, mit ein paar Tauben ihr Opfer darbringen (wieder das Opfer!). Simeon, *„ein frommer Greis, auf dem der heilige Geist ruhte"*, trat sofort zu ihnen und nahm das Baby in einer Opfergeste der Darbringung in seine Arme, die dreißig Jahre später am Kreuz Realität werden sollte. Simeon schaute in diesem Kind beides: Den kosmischen Christus, die Gnadensonne unserer Welterlösung:

> *„Meine Augen haben das Heil gesehen,*
> *das Du vor allen Völkern bereitet hast,"*

(Lukas 2,30–31)

und zugleich seinen Weg dorthin, der über Golgotha führte, den Opferaltar, denn er sagte zu der jungen Mutter:

> *„Er wird ein Zeichen sein, dem widersprochen werden wird, Dir selbst aber wird ein Schwert durch die Seele dringen."*

(Lukas 2,34–35)

Die Erleuchtung des Simeon zeigt uns deutlich, daß Jesus schon gleich zu Lebensbeginn eine Weihegabe war, ein geopfertes Wesen, denn indem er in Liebe zum Vater zu allem bereit gewesen war, hatte er ihm seine Blanko-Signatur für alles gegeben, was kommen mag. Diese bedingungslose Annahme macht aus dem Christusleben einen andauernden Akt restloser persönlicher Hingabe und damit einen andauernden Opferakt.

Zweite Etappe: DAS SCHLACHTOPFER. JESU KREUZESTOD. SEIN SELBSTOPFER. Dieser Akt ist nun die Krönung und Vollendung seiner Lebenssumme, die er aufnimmt, darreicht, wegopfert... An dieser Stelle ist es angebracht, sich zu verneigen und zu schweigen. Überlassen wir allenfalls das Wort dem großen Paulus:

> *„Er erniedrigte sich und war gehorsam bis zum Tod, bis zum Tod am Kreuz. Darum hat Gott ihn über alles erhöht und ihm den Namen verliehen, der größer ist als alle Namen."*
>
> (Philipper 2,8–9)

Dritte Etappe. DAS BRANDOPFER. JESU AUFERSTEHUNG UND HIMMELFAHRT. Auch das Opfer Jesu Christi ist ein Brandopfer, weil es sich verzehrte – vor zwanzig Jahrhunderten. Doch bei diesem Opfer steigt kein Rauch eines Tieres zu Gott empor, sondern der Auferstehungsleib unseres Heilands.

> *„ER IST VOM TODE AUFERSTANDEN!"*
>
> (Matthäus 28,7)

> *„Und ihr werdet meine Zeugen sein in Jerusalem und in ganz Judäa und Samarien und bis an die Grenzen der Erde. Als er das gesagt hatte, wurde er vor ihren Augen emporgehoben."*
>
> (Apostelgeschichte 1,8b–9a)

Christi Himmelfahrt, meine lieben Freunde, soll uns bitte ein Bild sein. Der Himmel ist nichts Räumliches, sondern er ist die Tiefendimension jeder Realität, das Letzte des Letzten, der Grund des Grundes aller Dinge und unseres eigenen Wesens. Ich habe die himmlische Transzendenz in mir, und sie ist in Ihnen, meine Freunde, sie ist in uns allen, sie ist überall. Dorthin ist Christus zurückgekehrt – vom Sichtbaren ins Unsichtbare, weshalb seine „Himmelfahrt" und seine Trostworte: *„Ich werde bei euch bleiben bis zur Vollendung der Welt"* (Mt. 28,20), keinen Widerspruch bedeuten. Seine Gegenwart in neuer Form – für uns greifbar und sogar assimilierbar – wird die Eucharistie sein.

Vierte Etappe: DAS OPFERMAHL. DIE EUCHARISTIE. Das

Opfer wird auch hier zum heiligen Mahl. In Christus vollzieht sich das Wunder der Vereinigung durch die Teilnahme an der Eucharistie, bei der die Verzehrung des Opfers und das beständige Opfermahl nur einen scheinbaren Gegensatz bilden. Hören wir den Hymnus der lateinischen Liturgie am Fronleichnamsfest:

LAUDA SION: „A sumente non concisus,
non confractus, non divisus:
Integer accipitur.
Sumit unus, sumunt mille:
Quantum isti, tantum ille:
Nec sumptus consumitur."

(Man verzehrt ihn, ohne ihn zu zerschneiden, ohne ihn zu brechen, ohne ihn aufzuteilen, man empfängt ihn in seiner Unversehrtheit. Nur ein Kommunizierender oder Tausende, sie erhalten nicht weniger als ein einzelner. Man verspeist ihn, ohne daß er verzehrt wird.)

Vollkommen wird Gott dieses Opfer dargebracht, und zugleich wird es vollkommen geteilt und unzählbar vermehrt – seit 2000 Jahren! Aber doch bleibt es unvermindert ganz; ganz und vollkommen für Gott, ganz und vollkommen für jeden einzelnen Menschen, denn Gott teilt mit dem Menschen alles, was er besitzt und seinem Wesen nach ist. Das ist das Christusopfer in seiner Totalität.

So wie sich das Opfer selbst im Fleisch verwirklichte, so muß sich auch die Teilnahme daran im Fleisch verwirklichen. Das Opfer selbst hat es ausgesprochen: Jeder von uns muß von diesem Opferfleisch essen, um ans endgültige Ziel zu gelangen, was wir „in den Himmel kommen" genannt haben, denn damit ist unsere Vergöttlichung gemeint. Wieder werden wir an die antiken Riten erinnert: Keine Kommunion mit der Gottheit ohne persönliche Teilnahme am Opferakt und Opfermahl. Diesen fundamentalen Realismus entleert das Christentum keineswegs, es offenbart vielmehr das frühe Wissen um unsere Doppelnatur – der Mensch ist Fleisch und Geist, und menschlicher Geist kann sich nur in und durch das Fleisch verwirklichen.

> *„Während des Mahles nahm er das Brot und sprach den Lobpreis, dann brach er das Brot, reichte es ihnen und sagte: Nehmt, das ist mein Leib. Dann nahm er den Kelch, sprach das Dankgebet, reichte ihn den Jüngern, und sie tranken alle daraus. Und er sagte zu ihnen: Das ist mein Blut, das Blut des Bundes, das für viele vergossen wird."*
>
> (Markus 14,22–24)

Unsere materielle Teilnahme am Fleisch und Blut des göttlichen Opfers ist untrennbar an die Zuversicht in eine leibliche Auferstehung gebunden. Der Leib Christi arbeitet in unserem Leib wie die Hefe in einem Teig, bis er ihn vollständig durchdrungen hat. Das Opferlamm wird zum Verbindungsglied zwischen dem Gotteswesen und dem Menschenwesen. Das Mahl des Menschen und das Mahl Gottes werden in ihm, dem Opfer, zum Vereinigungsmahl.

• DER TOD DES TODES

Die Auferstehungsfreude im österlichen Halleluja bricht im byzantinischen Meßritus aus wie ein Jubelschrei: „CHRISTUS IST AUFERSTANDEN! DURCH SEINEN TOD HAT ER DEN TOD VERNICHTET UND ALLEN DAS LEBEN GEGEBEN, DIE IN DEN GRÄBERN RUHEN", denn er selbst hat es versprochen:

> *„Amen, amen ich sage euch: Die Stunde kommt und sie ist schon da, in der die Toten die Stimme des Sohnes Gottes hören werden, und alle, die sie hören, werden leben. Denn wie der Vater das Leben in sich hat, so hat er auch dem Sohn gegeben, das Leben in sich zu haben. Und er hat ihm Vollmacht gegeben, Gericht zu halten, weil er der Menschensohn ist. Wundert euch nicht, die Stunde kommt, da alle, die*

in den Gräbern ruhen, seine Stimme hören
und herauskommen werden."

(Johannes 5,25–29a)

Ostern – der Tag der Auferstehung! Umarmen wir einander, verzeihen wir einander ALLES um der Auferstehung willen! Laßt uns Zugang finden zu diesem Geopferten und Auferstandenen, laßt uns zu dem hingehen, der uns entgegenkommt, damit wir Teilhabe finden an seinem Reich, das angebrochen ist. Sein Angebot ist DAS LEBEN, das er selbst ist. In dem Maß, in dem unser individueller Tod vom Christustod aufgesogen wird, was das geheime Geschehen der Eucharistie ja bewirkt, wird er zur Durchgangsstufe oder Brücke zum andern Ufer. Das ist die innewohnende Kraft des alles ausleuchtenden Osterfestes, weshalb der Priester im Zentrum des Meßgeschehens, unmittelbar nach dem Abendmahlsbericht, bei dem er die konsekrierte Hostie und den Kelch des Segens in einem alten Opfergestus hoch emporhebt, verkündet: „DEINEN TOD, O HERR, VERKÜNDEN WIR, UND DEINE AUFERSTEHUNG PREISEN WIR BIS DU KOMMST IN HERRLICHKEIT." (Akklamation nach der Wandlung)

„Christus wurde von den Toten auferweckt
als Erstling der Entschlafenen."

(I Korinther 15,20)

Das ist erstens die Auferstehung Christi, zweitens unsere eigene Auferstehung und drittens die kosmische Erneuerung und Vollendung der Schöpfung. Tod und Auferstehung sind nur ein Geschehen mit zwei Gesichtern, daher spricht oder singt der Priester bei jeder Eucharistiefeier vom GEHEIMNIS DES GLAUBENS. Wer an der Todesschwere Christi teilnimmt, den erreicht auch seine Auferstehungskraft, wer mit dem Christusleib kommuniziert, wird leben, wie er es gesagt hat, weil dieser das substantielle Leben der Welt ist, das den Kommunizierenden durchströmt. Folgen wir seiner näheren Erklärung nach den Einsetzungsworten der Eucharistie, denn sein Auftrag konnte nicht im Handumdrehen verstanden werden, von niemandem.

„Wer mein Fleisch ißt und mein Blut trinkt, hat das ewige Leben, und ich werde ihn auferwecken am Letzten Tag. Denn mein Fleisch ist wirklich eine Speise, und mein Blut ist wirklich ein Trank.

Wie mich der lebendige Vater gesandt hat, und wie ich durch den Vater lebe, so wird jeder, der mich ißt, durch mich leben. Dies ist das Brot, das vom Himmel herabgekommen ist."

(aus Johannes 6)

Dieses Christusleben wird uns zu Beginn unseres Lebens bereits in der Gnade der Taufe geschenkt, doch in der Eucharistie kann es uns DURCH UNSEREN EIGENEN GLAUBEN bewußt gegeben werden, jenem Glauben, zu dem er die Menschen ständig ermutigte und herausforderte.

„In Christus Jesus nützt die Beschneidung nichts, noch das Unbeschnittensein, sondern Glaube, der durch die Liebe wirkt."

(Galater, 5,6)

„Denn es ist der Wille meines Vaters, daß alle, die den Sohn sehen und an ihn glauben, das Ewige Leben haben und daß ich sie auferwecke am Letzten Tag."

(Johannes 6,40)

Taufe und Eucharistie sind zwei bevorzugte und sich einander ergänzende Ausdrucksformen dieses Glaubensgeheimnisses, und doch möchte ich unter diesen „wirkenden Zeichen" die Eucharistie das Sakrament der Sakramente nennen, denn ihm entfließen alle anderen und beziehen aus ihm ihre Wirksamkeit. Grundsätzlich gibt es aber nur ein Sakrament, DEN LEBENDIGEN CHRISTUS, diesen Gottmenschen, mit dem wir dank der Eucharistie zur unauflöslichen und ewigen Einheit verschmelzen dürfen.

An ihn gilt es zu glauben. Das Opfer, das Gott jetzt von uns verlangt, heißt GLAUBE. Unser Opfermaß entspricht unserem Glaubensmaß. Die Sünde des Menschen hatte darin bestanden, am Wort Gottes zu zweifeln, sein Heil wird darin bestehen, daran zu glauben.

„Wahrhaftig, Gehorsam ist besser als Opfer,
das Hinhören besser als das Fett von Widdern."

(I Samuel 15,22b)

So sind wir vorangeschritten: Von einer Religion des Fleisches zu einer Religion des Geistes. Fühlen wir uns nun auf unsere Zukunft ein, und fragen wir uns, welche wohl diese entscheidende Stufe in der aufsteigenden Evolution sein wird, durch die der Mensch eine neue, uns allen noch gänzlich unbekannte Dimension erreicht. Auch auf diese Frage antwortet uns die Eucharistie: Übergeordnet über allen menschlichen Erfahrungen steht der HÖHERE MENSCH, der GÖTTLICHE MENSCH, der GOTTMENSCH CHRISTUS, der sich auf einer für ihn unsäglich tieferliegenden Stufe und in einer tieferliegenden Ordnung inkarniert hat, um die Menschheit auf das „göttliche Niveau" anzuheben, sie sich zu verähnlichen und dabei ihre innere Einheit zu schaffen.

Nachdem der Mensch alle vorangegangenen Etappen der Evolution durchlaufen und in sich aufgenommen hat, und weil er die gesamte Schöpfung in sich trägt, muß er nun von etwas Größerem, als er selbst ist, aufgenommen werden, damit die Evolution an ihr übernatürliches Ziel gelangt und ihren Krönungspunkt erreicht –

DIE EINSWERDUNG MIT GOTT IM MYSTISCHEN LEIB.

Deshalb lädt Christus, der durch seine Gottmensch-Natur notwendigen leiblichen Zugang zum Menschen gefunden hat, jede Einzelperson zur Verbindung mit ihm ein und spricht: NIMM UND ISS, DAS IST MEIN LEIB. Bewundernswerter, bestaunenswerter, göttlicher Kunstgriff, der uns erlaubt, durch Christus und dessen Hingabe an uns, unsere Hingabe an ihn zu bewirken, um eins mit ihm zu werden! Das ist unsere Kommunion mit seinem Leib, und das ist seine Kommunion mit unserem Leib, denn in diesem Augenblick geschieht gerade das Gegenteil von dem, was wir wahrscheinlich sinnlich erfahren und deshalb irrtümlich glauben: Nicht wir sind es, die den faßbaren Christus mundgerecht gereicht bekommen, sondern er läßt uns in seinen unfaßbaren, grenzenlosen Leib eingehen.

Göttliche Demut!... Das kosmisch Unbegrenzte zieht sich gewissermaßen in sich selbst zusammen, macht sich für uns Menschen greifbar winzig und sogar eßbar! Auf konkreteste Art und Weise möchte es uns erreichen und bietet sich selbst uns dar! *„Ich glaube, weil es absurd ist“*, sagte Luther. Auch ich glaube, weil es absurd ist, ja, ich glaube an diesen versteckten Gott, versteckt anwesend im Sakrament des fleischgewordenen Gottes und im Sakrament eines winzigen Stückchen Brotes, das ich esse!... Und dann scheint es uns, als würde Christus in unserem Körper verschwinden, doch in Wirklichkeit bekommen wir durch ihn die KOSMISCHEN AUSMASSE SEINES MYSTISCHEN LEIBES. Wir werden eine Zelle, und in der gegenseitigen Assimilation von Mensch und Gott wird der eine zur Nahrung des andern – aus Gründen der Liebe.

Und langsam bildet sich dieser durchgreifend alles umfassende und alles verbindende Leib der Menschheit in Christus, deren *„Haupt“* er ist, deren *„A und O“*, deren *„Erster und Letzter“*, wie wir es in der Offenbarung lesen. Im Reifestadium dieser langsamen, stetigen Wachstumszeit wird die letzte Etappe der Evolution gekommen sein. Das kleine Weizenkorn, von dem Jesus sprach, das damit einverstanden war, sich in die Erde fallen zu lassen, wird dann viele Frucht gebracht haben und zu Menge und Fülle geworden sein. Und diese Menge und Fülle ist „sein Eigentum“, deshalb sagte er:

> *„Wenn ich über die Erde erhöht bin,*
> *werde ich alles zu mir ziehen.“*
>
> (Johannes 12,32)

Christus nennt es den „Letzten Tag", an dem sein Mystischer Leib für alle erkennbar wird. Es heißt, die Mariengestalt sei Figur und Bild der Kirche, sagen wir besser, der Menschheit. Die Menschheit von morgen, die seit 15 Milliarden Jahren (mutmaßliches Bestehen des Universums) auf sich zuarbeitet, wird eines Tages den gebären, der kommen wird. Der Visionär Johannes schaute prophetisch ein Zeichen

> *„Dann erschien ein großes Zeichen am Himmel: Eine Frau, mit der Sonne bekleidet, der Mond unter ihren Füßen, und ein Kranz von Sternen auf ihrem Haupt. Sie war schwanger und schrie vor Schmerz in ihren Geburtswehen."*
>
> (Offenbarung 12,1–2)

In seiner Rede von der Endzeit hatte Jesus das Bild des Blitzes genommen, in dem er sich selber ankündigt:

> *„Wie der Blitz bis zum Westen hinleuchtet, wenn er im Osten aufflammt, so wird es bei der Ankunft des Menschensohnes sein."*
>
> (Matthäus 24,27)

Bis dahin betrachten wir die Eucharistie als die KOSMISCHE SYNTHESE DER FORTSCHREITENDEN VERGÖTTLICHUNG DES KOSMOS UND DER MENSCHHEIT, denn

> *„Die Auferstehung ist nicht das private Schicksal eines Jesus von Nazaret, sondern das Schicksal aller Menschen und die Zukunft unserer Welt."*
>
> (Ladislaus Boros)

Verbinden wir das Eucharistische Geschehen mit unserem persönlichen Gebet:

LASS ES WERDEN!

Herr, wir danken Dir,
daß Du uns Deinen Geist anvertraut hast,
versteckt in unserem Inneren
ist er unablässig tätig
und treibt uns dem großen Ziel entgegen,
wenn wir uns willig führen lassen.
Er ist es, der uns die Selbstüberwindung
lehrt und den Opferwillen suggeriert,
denn im Opfer liegt alles Wachstum begründet.
Laß es werden!
Laß uns der Stoßkraft Deines Geistes folgen
und ihm treu bleiben,
weil auch wir das leisten
und vollbringen müssen
was Maria vollbracht hat.
Die Frucht ihres Leibes,
und die Frucht unseres Leibes,
wird Christus eines Tages
in endgültiger Weise
sichtbar für alle machen,
am Tage der kosmischen Weltvollendung,
am Tage der Vergöttlichung der Wesen.

Die eucharistische Gegenwart Christi

Drei Jahre nachdem mich eine Ordensgemeinschaft in Kanada eingeladen hatte, Exerzitien zu geben – ich beendete damals in Chicago meine psychologischen Studien –, erreichte mich plötzlich in Ägypten ein Brief von einer dieser Schwestern, in dem sie mir folgendes schrieb:

> *„Von allem, was Sie uns damals während dieser Woche gesagt hatten, ergriff mich am stärksten Ihre Darstellung der Eucharistie, das ging wahrlich tief! Doch erst nach einer schwierigen Periode, von der ich Ihnen berichten will, ist das Herrenmahl der absolute Mittelpunkt meines Lebens und der Schlüssel zu meinem gesamten Christusverständnis geworden. Ihre Sicht hatte mir schon einmal deshalb gefallen, weil sie uns etwas erfrischend Neues gab, sie war unüblich und hatte revolutionäre Züge – das tat bereits gut –, allerdings bereitete sie auch einiges Kopfweh. Mir war nämlich mit einem Male klargeworden, daß ich meine bisherige Konzeption vom Sakrament der Eucharistie nicht mehr gelten lassen konnte. Hatte ich doch geglaubt, alles bestens verstanden zu haben und lebte es auf die selbstverständlichste Art. Alles hatte ich mir gut eingeteilt und sorgfältig voneinander geschieden: Meine persönliche Kommunion, das Meßopfer selbst, die eucharistische Präsenz und den Kult des Altarsakramentes als geschlossenes Ganzes. Eine besondere Frömmigkeit oder Verehrung hatte ich für dieses Mysterium aber nicht empfunden, freilich ohne mir dessen bewußt zu sein.*

Doch nun nach unseren „ägyptischen Exerzitien", wie wir sie nannten, sah manches anders aus. Mit einem Schlag war mir zu Bewußtsein gekommen, daß ich kein sicheres Glaubenswissen besaß, und das hat mich doch einigermaßen beunruhigt. Es kam denn auch zu einem heiklen Moment, der mich ins Gebet warf und auf die Suche schickte; und je fleißiger ich suchte und in einem strengen Selbststudium forschte, umso klarer wurde mir, daß ich die Eucharistie eigentlich noch nie begriffen hatte und glaubte, sie niemals begreifen zu können. Sie müsse wohl jenes unantastbare und unerforschliche Mysterium bleiben.

Daran hielt ich fest. Ich glaubte dieses Wunder in der Kraft meines Herzens. Und doch begann ich mit dem, was wir Glauben nennen, zu experimentieren und das eucharistische Geheimnis auch intellektuell abzutasten, ohne Bedenken, daß mein Glaube dabei Schaden nehmen könnte. Dabei erlebte ich etwas Neues: Ich sah, daß ich meine Intelligenz in aller Freiheit gebrauchen konnte! Selbst am Glaubenskern, dort, wo man die Gesamtheit einer unbegreiflichen, anbetungswürdigen Wirklichkeit voll annimmt, konnte ich mein Denken ausgezeichnet schulen. Ich wollte ja doch wenigstens – soweit das uns Menschen möglich ist – die verstehbaren Aspekte des eucharistischen Geheimnisses erkennen.

Mein Pater, auch heute kann ich nicht wissen, in welcher Weise der Herr tatsächlich im Sakrament der Wandlung gegenwärtig wird, aber ich glaube es heute mehr denn je. Ja, er ist da! In einer unendlich tiefen Weise ist er da, wahrhaftig und geheimnisvoll, außerhalb unseres Verstandesbereiches und doch dem Menschen gegenüber voll gegenwärtig.

Das Entscheidende: Heute mehrt sich mein Verlangen nach ihm und die Sehnsucht, ihm in der Eucha-

ristie zu begegnen, alle Tage. Und dafür möchte ich Ihnen mit diesen Zeilen danken."

(Kanadische Ordensschwester, 1970)

Meine lieben Freunde, aus zwei Gründen habe ich Ihnen diesen Brieftext vorgelesen. Zunächst will ich Ihnen an diesem authentischen Beispiel zeigen, daß jedes verstandesmäßige Hinterfragen der traditionellen Konzepte, die wir von der Eucharistie haben, in unserem spirituellen Leben ein Erdbeben unterschiedlicher Stärke auslösen kann. Das soll uns aber bitte nicht schrecken! Eine solche Phase der Erschütterung wird uns neue Kanäle auftun und uns in tiefere Bereiche dieses Glaubensgeheimnisses vorstoßen lassen, bis dorthin, wo wir den Sinn neu, anders und hoffentlich besser erfassen können als in einem möglicherweise blinden Glauben.

Der zweite Grund: Ein Mysterium ist keine Sphinx, so will es die arabische Sprache haben, und es ist auch keine Wand, gegen die man anrennt, so wollen es die Intellektuellen haben, sondern EIN MYSTERIUM IST EIN MEER, IN DAS MAN EINTAUCHT. Ich kann noch so weit im Meer hinausschwimmen und noch so tief darin tauchen, es wird mir in seiner Weite und Tiefe immer überlegen sein – und das ist das Wunderbare!... Ein Mysterium ist nichts Rationales und nichts Irrationales, sondern etwas Überrationales, es grüßt uns herüber aus den Bereichen der Übernatur, es ist mir demnach überlegen, es ist jenseits meines Verstandes, doch nicht gegen mich gerichtet und somit auch nichts Verstandeswidriges. Folglich ist es nicht mangelnder Respekt, wenn wir unsere gottgegebene Intelligenz bemühen, um uns tiefer in Gott hineinzuarbeiten.

Schauen Sie, wir haben in Kairo seit einiger Zeit das SAKAKINI-Institut für Theologie und Katechese, das im Wirkungsbereich der katholischen Kirche eröffnet wurde. Es bietet reguläre Tageskurse zwischen 16 und 19 Uhr in arabischer Sprache, und wieviele Laien, darunter zahlreiche Jugendliche, schreiben sich ein! Warum? Aus beruflichen Fortbildungsgründen? Keineswegs. Der Laie will den Inhalt seiner ererbten christlichen Religion besser VERSTEHEN lernen, um seinen Glauben besser LEBEN zu können.

„Fides quaerens intellectum"
(der Glaube verlangt nach Verstehen)

So nannte man es im Mittelalter, es steht demnach durchaus in der kirchlichen Tradition, denn ein Glaube, der nicht unermüdlich nach Vertiefung verlangt, ist von vornherein tot und begraben. Ein Mysterium bedeutet für uns Licht und Finsternis in einem – und das ist das Faszinierende! Nur so kann es uns voranziehen, es kann uns nähren und stärken auf unserer verstandesmäßigen Suche. Nein, wir werden unser Denken nicht abschütteln! Und in dieser Sicht versuchen wir nun heute gemeinsam, uns der eucharistischen Gegenwart und unserer mystischen Einheit mit Christus in der Hostie aus verschiedenen Richtungen zu nähern und sie dabei vielleicht in einer ganz neuen Weise zu erfahren.

• INKARNATION UND SCHÖPFUNG

Ich beginne mit einer kosmologischen Sicht der Welt im Sinne von Teilhard de Chardin († 1955). Für Teilhard beginnt die Inkarnation schon mit dem ersten Schöpfungsfunken, sie ist im Ursprung der Welt angelegt. Wir haben immer zu sehr dazu geneigt, dieses Ereignis einige Milliarden Jahre später anzusetzen, für den Tag, an dem Maria Jesus Christus empfing. Mit Teilhard gesehen ist die Inkarnation der Anfang einer Bewegungslinie, die man bis ins Innerste der kosmischen Urmaterie zurückverfolgen kann, bis dorthin, wo wirklich alles begann. Ich meine, solange wir diese Sicht nicht annehmen können, riskieren wir, Bedeutung und weltgeschichtliche Tragweite dieses wunderbaren Geheimnisses der Christusgegenwart willkürlich einzuengen.

Man sagt, die Inkarnation wurde von den Propheten geschaut, verkündet und vorbereitet und von den Juden erwartet. Nun, ich glaube mit Teilhard de Chardin, daß die Inkarnation vom Grundbaustein der Welt, vom allerersten stofflichen Atom, vorbereitet worden ist, allerdings von keiner toten, sondern von einer göttlichen Materie oder Geist-Materie. Beim Big Bang oder Urknall, dem explosionsartigen Beginn der kosmischen Ausdehnung, haben wir schon den ersten Schritt, weil Christus seit den Uranfängen in der Entwicklungsgeschichte dieser Welt aktiv am Werk ist und diese deshalb von Teilhard CHRISTOGENESE genannt wird. Der große Johannesprolog beginnt in keinem anderen Sinn:

„Am Anfang war das WORT."

(Johannes 1,1a)

Und auch seinen ersten Brief beginnt Johannes nicht anders:

„Was von Anfang an gewesen, was wir gehört und was wir mit eigenen Augen gesehen, was wir geschaut und was unsere Hände berührt haben, das künden wir vom WORT des Lebens. Erschienen ist uns das Leben."

(I Johannes 1,1–2a)

Das WORT ist Christus, von ihm spricht Johannes, er weiß, daß Christus derjenige ist, der seit Anfang der Welt alle Dinge durch seine aktive Anwesenheit und in all seiner souveränen Kraft hält und trägt. Neben den Johanneszeugnissen haben wir die paulinischen Briefe, die dasselbe aussagen und die Teilhard de Chardin im Krieg, im Schützengraben, immer bei sich trug und wahrscheinlich hunderte Male meditierte. GOTT HAT IN CHRISTUS DIE WELT ERSCHAFFEN –

„und setzte ihn zum Erben des Weltalls ein,
durch den er die Welten erschuf."

(Hebräer 1,2)

Der volle Stoßtrieb dieses Wunderwerkes der Evolution kann überhaupt nur durch eine allezeit wirkende Christusgegenwart erklärt werden, sie vollbringt diese unaufhörlichen Wunder und läßt die Wesen aufgrund seiner ihnen innewohnenden Präsenz wachsen und gedeihen, vor allem aber sich ständig höherentwickeln! Im biologischen Bereich handelt es sich anfangs freilich um eine unbestimmbare und den Trägern unerfahrbare Präsenz, die aber durchaus eine Realpräsenz ist. Die langsame Bewußtseinsentfaltung der sich entwickelnden Wesen formulierte Teilhard in einem von ihm erkannten, neuen Gesetz, das ich noch nennen werde.

REALPRÄSENZ – nun habe ich diesen komplizierten Ausdruck zum ersten Mal verwendet, gemeint ist die wahrhaftige, tatsächliche Christusgegenwart, gültig für das Altarsakrament in der Lehre der Kirche seit dem vierten Laterankonzil im Jahre 1215. Auch wenn dieses Wort mehrere Bedeutungsinhalte hat, so sollten wir uns nicht von ihm in Beschlag nehmen und zu einem „alles oder nichts" zwingen lassen. Soweit nämlich unser Auge über eine HEILIGE WELTSICHT verfügt, so weit glauben wir auch, daß der lebendige Christus der kosmische Christus ist, das ALPHA und das OMEGA, denn das gesamte Universum ist seit den Uranfängen der Weltexistenz Träger seiner Gegenwart und kann sich nur aus diesem Grunde in einem QUALITATIVEN Wachstum befinden.

• INKARNATION UND EVOLUTION

Schauen wir weiter mit dem Prophetenauge Teilhard de Chardins. Nach ihm besteht der alles erreichende Lebensimpuls im Einsammeln und Verdichten winziger Lebensspuren, die schon in den Atomen angelegt sind. Ab eines bestimmten Grades der Selbstorganisation und der Selbstentfaltung der Materie – nach den berühmt gewordenen Worten Teilhards –

„Dieu fait que les choses se font"
(Gott bewirkt, daß die Dinge sich gestalten)

erwachte an einem wunderbaren Tag das organische Leben auf unserem Planeten. Dieses große Ereignis wäre dann nichts anderes als das sichtbare Hervortreten einer bereits vorhandenen Wirklichkeit, seit der Ewigkeit präsent – das Leben schlummerte im Herzen der Materie. Und Teilhard verfolgt dieses Leben weiter und behauptet, daß selbst das Denken eine Dimension, eine besondere Qualität, kurz, ein Gut der Materie sei, das sich niemals hätte verwirklichen, d. h. aus dem Leben entschleiern können, wenn das Leben dem Denken nicht evolutiv die Bedingungen geschaffen hätte. So erkennen wir eine konstante Höherentwicklung des Lebens bis zu den Wirbel- und Säugetieren und bis zum Menschen mit einem endlich genügend komplexen Nervensystem. Nur so konnte der Geist eines Tages freigesetzt werden und letztlich aus der Urmaterie aufleuchten – als das Urlicht – seit Anbeginn in der Schöpfung präsent.

Und hier haben wir Teilhards bekanntes Gesetz von der KOMPLEXITÄT UND DEM BEWUSSTSEIN: Beides ist in stetem Wachstum begriffen, die Entwicklung schreitet fort, auch im Geistigen! Dasselbe, was wir vom ersten Lebenskeim und später von dem von ihm ausgehenden Gedanken sagten, das können wir auch von Christus sagen. Auch er ist in unserer Welt ewige Gegenwart, eine Realpräsenz seit der Schöpfungsstunde: *„Es werde!"* Doch allen offenbar wird seine Präsenz erst dann werden, wenn auch die menschlichen Moleküle über die Schwelle gelangen, über die Schwelle des Zusammenschlusses, der Verdichtung und der Vereinigung von innen her. Kohäsion und Zentrierung. Dann erst wird seine bis dahin noch verborgen bleibende Realpräsenz aufstrahlen und von allen wahrgenommen werden. Nicht mehr wegzudiskutieren! Unmißverständlich klar vor aller Augen und alle Herzen erfüllend! Teilhard de Chardin, den ich einen modernen Propheten nenne, spricht deshalb von der

CHRISTIFIKATION DER EVOLUTION UND DER MENSCHHEIT.

Diese letzte Etappe ist die Schlußphase aller Entwicklung und das Ende unserer Geschichte, die eschatologische Zeit. Gemeint ist dieses Offenbarwerden des Verborgenen, das Wahrnehmbarwerden des bislang nur Erahnten, das Erkennen desjenigen, der im Bereich des Materiellen, Biologischen und Menschlichen immer REAL PRÄSENT war, Jesus Christus.

> *„In ihm war das Leben, und das Leben*
> *war das Licht der Menschen."*
>
> (Johannes 1,4)

Dieser treue Herzschlag und dieses Intelligenzlicht sind der arbeitende Christus in uns, es ist das WORT GOTTES, lebendig anwesend in allen Schöpfungsbereichen, so wie er es seinen Jüngern bei der Heilung des Blindgeborenen erklärte, daß er das Licht der Welt sei (Joh. 9,5). Dasselbe hat er auch die Pharisäer wissen lassen:

> *„Ich bin das Licht der Welt."*
>
> (Johannes 8,12a)

Was manchen unter uns bei Teilhard de Chardin kühn anmuten könnte, zumindest in seiner sprachlichen Formulierung, das hatte der Apostel Johannes, der an der Brust des Herrn ruhte (weil er keine Fragen hatte!), längst schon verkündet; entsprechend seiner semitischen Mentalität vielleicht ein wenig verschlüsselter, weniger direkt als in der französischen Teilhard de Chardins, aber in einer sehr tiefen Sprache schrieb er die Wahrheit für alle kommenden Generationen nieder. Johannes wußte wie Teilhard, wir bewohnen eine HEILIGE WELT, denn sie ist im Innersten erfüllt von der Realpräsenz Christi.

• DIE INKARNATION DES JESUS VON NAZARET

Zu einer bestimmbaren Stunde unserer Weltgeschichte hat sich diese bisher unbestimmbare, unsichtbare, obgleich universelle Christus-Gegenwart in einem Wesen wie Du und ich sichtbar dargestellt. Jesus von Nazaret wurde geboren. Warum die Inkarnation? Wofür war sie notwendig? Sie war notwendig, um uns diese lebendige Präsenz in ihrer Wirklichkeit und Wahrheit als verkörperte Liebe begreiflich zu machen, „begreiflich" sogar im physischen Sinne. Sie wurde zum Ebenbild des Menschen, sinnlich wahrnehmbar in unserer Welt. Denn solange etwas für uns ohne Kontur und Gesicht bleibt, wird es uns immer schwer faßbar sein, ja sogar fremd. Deshalb sollte Christus in unsere Dimension eingehen, unter uns leben, einer von uns sein, erkennbar gegenwärtig in unserer Mitte.

„Er kam in sein Eigentum",

(Johannes 1,11a)

nahm unsere Gestalt an, unseren Blick, unser Empfinden, unsere Sprache, um sich mitteilen zu können und um sich vorübergehend einmal in der Schöpfung zu verwirklichen. Doch schauen wir hier noch tiefer, und fragen wir uns das folgende: Ist diese Gegenwart Christi nun tatsächlich eine Realpräsenz des WORTES Gottes? Gewiß, doch waren dieser Leib und dieses Gesicht nur ein Hinweis auf etwas anderes, ein zarter Widerschein von etwas anderem, das viel wesentlicher, viel kostbarer und viel persönlicher war in bezug auf seine INNERE PERSON. Das Menschliche dieses Jesus von Nazaret konnte während seiner Inkarnationsperiode nur eine ziemlich begrenzte Darstellung, eben eine „Verkörperung" der Person des WORTES sein – in all ihren innerweltlich bedingten Begrenzungen.

Dasselbe gilt für Sie, meine lieben Freunde! Auch durch Ihren Leib und Ihr Gesicht wird Ihre INNERE PERSON innerhalb von Schöpfung und Geschichte, in Raum und Zeit also, in Erscheinung gebracht, doch Ihre wahre Präsenz übersteigt Ihren Körper unendlich, denn sie übersteigt Schöpfung und Geschichte. Sie fühlen es selbst, daß Ihr inneres Wesen um so vieles weiterreicht, als Ihre materielle Wirklichkeit, die sich den Augen der Welt bietet, „festgestellt" von Ihren Freunden, Arbeitskollegen und Verwandten, nicht wahr? Können Sie überhaupt von sich sagen, Sie seien in Ihrem Körper? Eingeschlossen? Von einer Hülle umgeben? Nein. Ich sage mir: Leider habe ich keine vorteilhaftere Möglichkeit, mich in der Welt darzustellen als durch mein leibliches Sein; denn dieser Leib, der meine Person für die Außenwelt vertritt, unterschlägt und betrügt sie zugleich, weil er eben von meinem wahren und eigentlichen Wesen nur einen Bruchteil zu reflektieren vermag, und nur dieser Bruchteil – zu meinem Bedauern – ist den andern wahrnehmbar und verstehbar. Meine Körpermaße werden in jedem Zoll von meiner inneren Person überflügelt.

Der Geist überflutet die Materie in allen ihren Partikeln, der Geist enthält die Materie, er umgibt sie vollständig. Daher ist auch der Mensch nicht in der Welt, sondern die Welt ist im Menschen enthalten, und er überragt sie grenzenlos. Vielleicht sollte man gelegentlich dahin kommen, die Dinge einmal wertevertauscht zu betrachten, um schärfer zu sehen, so wie sie vielleicht Gott betrachtet?

DIE WELT ENTHÄLT NICHT GOTT, SONDERN DIE WELT IST IN GOTT ENTHALTEN. DER KÖRPER ENTHÄLT NICHT DIE SEELE, SONDERN DER KÖRPER IST IN DER SEELE ENTHALTEN. DIE MATERIE ENTHÄLT NICHT DEN GEIST, SONDERN DIE MATERIE IST IM GEIST ENTHALTEN.

Das Größere und Wesentlichere umfängt und regiert das Kleinere. Andernfalls würde es bedeuten, daß alle Dimensionen des Menschen auf dessen Körpermaß zugeschnitten würden, oder, anders gesagt, daß die gesamte menschliche Wirklichkeit aus der bloßen äußeren Erscheinung ableitbar wäre. Um mit Kant zu sprechen, bezöge sich dann das Noumenon (das Innere, Eigentliche) auf das Phänomen (die Erscheinung), womit man Kants richtige Erkenntnis auf den Kopf stellte. Nein, die Wirklichkeit sieht anders aus. Mein kleiner Körper ist in meiner großen Seele enthalten, welche freizügigst und unentwegt sämtliche Verriegelungen dieser Körpermauern sprengt, um sich mit dem Unendlichen zu vereinigen. Meine leibliche Erscheinung ist niemals die volle Wahrheit, sondern nur ein dürftiger Teil des Ganzen. Aus diesem Grunde ahnen wir in sicherer Intuition unseren Auferstehungsleib, der dieses „Ganze" endlich sichtbar werden läßt. In fast allen Kulturen ahnen die Menschen, daß ihr Tod die Geburt eines neuen, vollkommen anderen Leibes bedeutet, er wird uns – entsprechend unserer Entwicklung auf Erden und entsprechend unseres „Seelenmaßes" gegeben werden.

• DER AUFERSTEHUNGSLEIB

Wenden wir all das nun auf den Fall Jesus von Nazaret an, dann erkennen wir, daß seine wahre, innere Person, die mit den Aposteln meditierend über die Straßen Palästinas wanderte und diskutierend mit den Pharisäern zu Tische saß, seine physische Gestalt in unendlicher Weise überragte, seine räumliche wie seine zeitliche Erscheinung in der Geschichte. Deshalb hören wir ihn am Ende seines Lebens zu seinen Jüngern „die Wahrheit" sagen:

> *„Ich sage euch die Wahrheit, es ist*
> *gut für euch, wenn ich jetzt gehe."*
>
> (Johannes 16,7a)

Mit diesen Worten bereitete er sie langsam auf seine neue Präsenz vor, die er durch die Auferstehung in die Welt einbringen wird – um ein Vielfaches interessanter für sie, da um ein Vielfaches tiefer und wahrer als alles Bisherige, das sie mit ihm erlebt hatten. Und so tröstete er die zurückbleibenden Apostel im Augenblick seiner Entrückung oder Himmelfahrt:

> *„Ich bleibe bei euch alle Tage bis*
> *zur Vollendung der Welt."*
>
> (Matthäus 28,20)

Die jetzige Präsenz des Auferstandenen unter uns Menschen ist realer und universeller als damals in der Gestalt seines physischen Leibes, weshalb er zu Maria Magdalena am Ostermorgen, als sie ihn freudig umarmen wollte, sagte: *„Halte mich nicht fest."* (Johannes 20,17a); sie wollte ihn nicht nur wiedersehen, sondern fassen und wirklich spüren können, aber er bat sie, diese ehemalige Beziehung, jetzt in eine höhere Dimension hineinwachsen zu lassen und das Alte zu überwinden. Jede Überwindung ist eine Stufenüberwindung zum Höheren, zum stärker Erlebbaren. Dasselbe galt für seinen Apostel Thomas, er wäre gern auf dieser Stufe stehengeblieben, er orientierte sich eher an der leiblichen Erscheinung seines Herrn, sowohl vor als nach der Auferstehung, er wollte Jesus sehen UND berühren dürfen. Und der Auferstandene belehrte die im Versteck zusammengekommenen Jünger:

„Selig, die nicht sehen und doch glauben!"

(Johannes 20,20)

Thomas zweifelte. Er hatte nach dem Hörensagen nicht glauben mögen. Als die andern ihm „geschworen" hatten, sie hätten den Herrn gesehen, erwiderte er:

„Wenn ich an seinen Händen nicht das Mal der Nägel sehe und meine Finger nicht in die Wundmale lege und meine Hand in seine Seite, kann ich nicht glauben."

(Johannes 20,25b)

Bald darauf hat der Völkerapostel Paulus seinerseits die ersten Christen aufgefordert, nicht in Nostalgie dem Christus in Menschengestalt nachzutrauern, sich auf ihn zu beschränken, sich an ihm allein zu orientieren, sondern die andere, die Übernatur der Christusgegenwart in der Welt jetzt mehr und mehr zu erkennen. Diese hatte mit der Auferstehung begonnen, und Paulus belehrte seine jungen Gemeinden, daß nun alles ganz anders sei:

„Wenn wir früher Christus dem Fleische nach gekannt haben, so kennen wir ihn jetzt nicht mehr so."

(II Korinther 5,16b)

Nachdem der kosmische Christus sich für 33 Jahre irdischer Zeit an einem historisch bestimmbaren Punkt wahrnehmbar gemacht hatte, wurde seine Anwesenheit in Zeit und Raum nun wieder zu einer unbestimmbaren Präsenz, doch ist sie voll und ganz eine Realpräsenz im Hinblick auf den Menschen:

„Wahrlich, ich sage euch, was ihr einem der geringsten meiner Brüder getan habt, das habt ihr mir getan."

(Matthäus 25,40)

JEDER EINZELNE MENSCH
VERKÖRPERT JESUS CHRISTUS.

• REALPRÄSENZ

Das zentrale Sakrament ist die Eucharistie. Die Kirche lehrt, daß die Eucharistie das Sakrament der Realpräsenz Christi bedeutet, seine wahrhaftige Anwesenheit, heute, hier, mit uns während der Messe, so wie sein physischer und historischer Leib vor 2000 Jahren auch hier mit uns das Sakrament seiner Realpräsenz gewesen war. Christus, der sich während seines irdischen Lebens durch die Gegenwart eines physischen Leibes den Menschen begreiflich gemacht hat, wollte nun nach „dem Aufstieg zum Vater" seine anhaltende Gegenwart in dieser Welt für alle kommenden Generationen in einer ganz anderen materiellen Wirklichkeit veranschaulichen und entschied sich für die Eucharistie, er bediente sich der Ausdrucksform eines Mahles. Dieser eucharistische Leib war nun nicht mehr ein in Physis und Geschichte eingebundener Menschenleib.

Wir stellten bereits fest, daß der Mensch einem konkreten Objekt gegenüberstehen muß, um dessen Präsenz wahrzunehmen; wie Thomas möchte er eine Sache oder eine Person sehen und berühren, ja in seinen Händen halten können, um sein Innerstes mit dessen Innerstem vereinen zu können – der Vorgang der „Einsicht" und des „Begreifens". Doch wer könnte das Uferlose, das ihn in seiner Totalität Übersteigende, in seinen Händen halten, um es zu besitzen? Nicht einmal das Meer, das wir sehen, aber in seiner Tiefe und Weite nur ahnen können. Fremd bliebe uns insofern auch die Gegenwart des auferstandenen Christus, fern unserem Herzen, weil gedanklich abstrakt. Aus diesen Gründen hat er sich selbst in unserer Mitte „lokalisiert" und – im doppelten Sinn

– leicht faßlich gemacht. Die konsekrierte Hostie ist der IMMANUEL, der *„Gott mit uns“*.

Es ist derselbe kosmische Schöpfergott, der schon als Gesetzeslade des Jahwe unter seinem Volke verehrt wurde wie bei uns im Tabernakel-Schrein, dem geistigen Brennpunkt unserer Kirchenbauten. Neben oder vor ihm wacht das „Rote Lämpchen“, das „Ewige Licht“ als Zeichen dieser unvergänglichen Gottespräsenz in der Gestalt der Hostie, denn er ist dieser *„Gott von Ewigkeit zu Ewigkeit“*, wie es an den Altären der Christenheit gesprochen wird. Und wer eine Kirche betritt, in der diese Hostie nicht ausgesetzt ist, wo das Allerheiligste nicht sichtbar aufbewahrt wird, registriert eine gewisse Frustration, denn es fehlt ihm etwas, er fühlt sich allein in diesen weiten Kirchenmauern, es ist ihm, als habe man beim Bau dieses Gotteshauses die Seele vergessen, so bewundernswert Architektur und Kunstbemühen beim Zusammenspiel der stolzen Säulen und Fresken und der kostbaren Glasfenster auch waren.

Jeder Gläubige, der während der Woche über die Schwelle unserer immer offenen Kirchentüren tritt, sucht instinktiv nach diesem zarten, roten Schein, der ihm auf diskrete Weise ein Zeichen im Dämmerlicht weist und ihn einlädt, zum Tabernakel zu kommen, sich dort für eine Weile zu sammeln und zu beten. Vielleicht spürt er im Herzen den leisen Zuspruch Jesu: *„Wachet und betet!“* (Markus 14,38a) Das ist der tiefe Sinn des mystischen Anbetungskultes im Christentum, der vom elementaren Bedürfnis des Menschen zeugt, auf den gänzlich unfaßbaren Schritt desjenigen zu reagieren, der bis zu uns Irdischen durchgedrungen war und zur bleibenden Gegenwart werden wollte. Diese still verehrende Anwesenheit des Gläubigen vor dem Tabernakel ist seine Antwort auf die stille Anwesenheit Gottes in der geheimnisvoll gewandelten Hostie.

Diese Vorstellung des gegenseitigen Inneseins von Gott und Mensch erweckt in mir die berühmte Statue des heiligen Pfarrers von Ars, Jean-Marie Vianney, die wir in Kopien in unzähligen französischen Kirchen, besonders im Raum von

Lyon, antreffen: Ein Mensch betend auf den Knien in seliger Andachtsglut!... Es wird überliefert, daß er einmal in derselben Ekstase der Anbetung einen Fremden in seiner kleinen Dorfkirche in Ars lange Zeit vor dem Tabernakel beobachtet hatte und dieser sich plötzlich zu ihm mit fester Stimme gewandt hatte und vom anwesenden Christus sprach:

„ER nimmt mich wahr, und ich nehme IHN wahr."

Und ich lese ein eigenes Erinnerungsbild in meiner Seele: Es war in Paris beim Kapellenbesuch in einem der Ordenshäuser meiner Mitbrüder. Von der Seite her war ich in diese Stille eingetreten und wähnte mich allein, doch bald begann sich vor mir im Halbdunkel eine Gestalt abzuzeichnen, dort kniete ein großer, alter Mann vor dem Tabernakel – seine kleinen, vom Geist durchglühten Augen fixierten das rote Lämpchen. Ich erkannte ihn, es war der Pater Henri de Lubac († 1991), bewegungslos in tiefer Verbundenheit mit seinem Herrn. Seitdem ahnte ich die Quelle, an der einer der größten Theologen unserer Zeit trank und woraus er seine Inspirationen schöpfte...

Besteht nicht auch eine der Yogaübungen mit spezieller Atemtechnik darin, den Blick auf einen festen Punkt zu richten, zumeist auf den inneren Punkt zwischen den Augenbrauen, wobei der Meditierende seine ganze Aufmerksamkeit zur Fülle sammeln kann, weil der Blick diesen Punkt festhält? Bei der Eucharistie ist dieser präzise Punkt kein neutrales, namenloses Etwas im Raum oder im Innern, sondern er ist PERSON, er ist die Gegenwart des leibhaftigen Christus-Immanuel. Hier findet eine Konvergenz von Gebetstechnik und dogmatischer Wahrheit statt.

• DIE GEFAHR DES GÖTZENDIENSTES

Bei all dem Positiven lauert aber doch eine Gefahr: Wir werden versucht, daß der Schöpfergott, von dem geschrieben steht, daß die Himmel der Himmel ihn nicht fassen können, von uns Menschen an einen bestimmten irdischen Ort gebannt und auf eine präzise irdische Stunde festgesetzt wird, die Stunde der Eucharistie. Ist das statthaft? Entzieht sich Gott nicht allem innerweltlichen Bemühen und allen Versuchen einer Fixierung durch den Menschen? Diese Versuchung ist so alt wie das Menschengeschlecht, es ist das religiöse Kultbedürfnis, einen materiellen Gegenstand lieben und verehren zu wollen und ihm göttliche Kräfte zuzuweisen, wie es bei allen Praktiken von Magie und Fetischismus bei den Naturvölkern geschieht. In dieser Hinsicht besteht durchaus auch für den Christen eine Gefahr des Götzendienstes. Übertriebene Anbetungsfrömmigkeit mag dazu führen, daß er Gott auf ein Objekt zusammenzieht, seine Menschenhände ihn zu fassen bekommen, weil sie ihn besitzen und über ihn verfügen wollen. Gewiß erging deshalb gleich zu Beginn der Gott-Mensch-Beziehung das ernste und sehr ausdrückliche Gebot an die Menschheit:

> *„Du sollst dir kein Gottesbild machen und keine Darstellung von irgendetwas am Himmel droben, auf der Erde unten oder im Wasser unter der Erde. Du sollst dich nicht vor anderen Göttern niederwerfen und dich verpflichten, ihnen zu dienen."*
>
> (Exodus 20,4–5a)

Ein frühzeitiges Warngebot, unserer Versuchung zum Götzendienst jeglicher Art nachzugeben. Auch der Islam geht radikal und unversöhnlich dagegen vor, Gott in menschlicher Gestalt oder in der Gestalt eines Tieres (wie z. B. im Hinduismus oder im pharaonischen Ägypten) zur Darstellung zu bringen, auch nicht auf dezente, stilisierte Weise, der Islam verbietet und verdammt es.

Lesen wir aber im Alten Testament, dann erleben wir andererseits, daß Gott dem Menschen immer nahe sein wollte und sich bei den verschiedensten Anlässen persönlich kundtat. Im Schöpfungsbericht nennt man ihn den Töpfergott, der sich den Menschen in Liebe bildet, oder den Spaziergänger im Garten Eden, der den idealen Menschen besucht und mit ihm redet, so wie er später Abraham in seinem Zelthaus besuchte und mit ihm plante. Oder Gott als starke Engelsgestalt, die mit dem Menschen Jakob auf gleicher Stufe ringt, bis Jakob den Engel siegen läßt. Dann sprechen auch sie miteinander, befragen sich nach ihren Namen, Gott gibt den seinen nicht preis, aber Jakob erkennt ihn und stellt fest: *„Ich habe Gott von Angesicht zu Angesicht geschaut“* (Genesis 32,21). Übrigens, um ein persönliches Zeugnis abzulegen, in diesem seltsamen Kampf offenbart sich mir das gesamte Gebetsgeheimnis.

Und weiter, auf dem Sinai spricht das göttliche Feuer mit Moses, oder Gott weist den Hebräern durch Lichtsignale den Weg durch die nächtliche Wüste. Bei all diesen „Epiphanien“ offenbart und verbirgt sich Gott zugleich, er manifestiert sich und entzieht sich in einem, teilt sich mit und verhüllt sich wieder – welch subtile göttliche Pädagogik! Sie läßt uns das Widersprüchliche der Gottheit erkennen, ihre höchste Transzendenz – die übersinnliche Erhabenheit, und ihre distanzlose Immanenz – die innere Nähe. Denn Gott ist beides, allezeit wesenhaft gegenwärtig, der Schöpfung innewohnend; trotz seiner kosmischen Tiefe und Weite lebt er mit uns im Hier und im Jetzt.

In diesem Versteckspiel, in diesem Kommen und Gehen, in dieser merkwürdigen Dialektik von Distanz und Nähe wies Gott schon auf das große Ereignis der Inkarnation hin, das sich in der Stunde der Himmelfahrt Christi vollenden sollte. Jetzt mußte etwas anderes erdacht und in die Welt eingeführt werden, denn die Eucharistie durfte keinesfalls als ein Rückfall zu bestimmten Formen von Magie und Idolatrie mißdeutet werden. Wenn sich der lebendige Gott unter den Gestalten von Brot und Wein „real präsent“ macht, dann gewiß nicht dazu, daß wir uns seiner bemächtigen und unsere private Sache aus ihm machen, vor allem keinen sonntäglichen Talismann.

• DIE VERSUCHUNG DES TEMPELS

In dem inbrünstigen Verlangen, Gott einen Tempel zu bauen, finden wir im Alten Testament dasselbe, vielleicht unbewußte Bestreben, die Hand über die Gottheit zu legen. Deshalb ergingen schon 1000 Jahre vor Christus tadelnde Gottesworte an den Propheten Nathan, die für König David bestimmt waren und wie ein Vorwurf lauten:

> *„Geh zu David und sage, so spricht der Herr: Du willst mir ein Haus bauen, damit ich darin wohnen soll? Seit dem Tag, an dem ich die Israeliten aus Ägypten heraufgeführt habe, habe ich bis heute nie in einem Haus gewohnt, sondern bin in einer Zeltwohnung umhergezogen."*
>
> (II Samuel 7,5–6)

Das Zelt, Vorläufer unseres Tabernakel-Schreins, das die Anwesenheit Gottes in der Mitte seines Volkes symbolisierte, drückte die göttliche Freiheit, den freizügigen Nomadencharakter dieser Gottespräsenz aus, sein ungehindertes Umherschweifen mit den Menschen. Ihn später seßhaft machen und ihn in Steintempeln einquartieren wollen, das hieße Besitzergreifung und Festlegung Gottes auf Raum und Zeit in der Eigenmacht des Menschen. Daher die Botschaft, die der Prophet empfing. Das Zelt („shékinah") des Volkes Israel war damals ein bewußt leer gehaltener Raum, leer als Zeichen seines radikal transzendierenden Charakters, das unfaßbar Übersinnliche und Unerforschliche der göttlichen Präsenz symbolisierend.

Der große Salomon sollte später den Traum seines Vaters David dennoch verwirklichen und baute Gott in der sprichwörtlich gewordenen „salomonischen Freigebigkeit" einen Tempel in pures Gold getaucht:

> *„Und Salomon bedeckte das Haus mit Feingold, sperrte den Hinterraum (die Gotteswohnung für die Bundeslade) mit Goldkettchen ab und vergoldete ihn. Das ganze Haus vergoldete er vollständig (...), auch des Hauses Fußboden vergoldete er innen und außen."*
>
> (I Könige 6)

Und tatsächlich, es überkamen ihn Zweifel! Am Tage der festlichen Tempeleinweihung flocht der König Salomon in seine ausgiebige Altarrede seine ernsten Bedenken:

> *„Soll denn in Wahrheit Gott auf Erden wohnen? Dich fassen nicht der Himmel, noch der Himmel Himmel, geschweige dieses Haus, das ich gebaut."*
>
> (I Könige 8,27)

Und wie ein Echo hören wir die andere Prophetenstimme:

> *„So spricht der Herr: Der Himmel ist mein Thron, die Erde meiner Füße Schemel. Was für ein Haus ist das, das ihr mir bauen könntet? Was für ein Ort, an dem ich ruhen könnte?*
>
> (Jesaja 66,1)

Der Salomonische Kunst- und Prachttempel wurde mehrmals zerstört und mehrmals wieder errichtet bis zum Tage seiner restlosen Vernichtung, als ihn der römische Kaiser Titus bei der Eroberung Jerusalems (70 n. Chr.) endgültig in Schutt und Asche legte. Dazu mußte es kommen, Christus hatte es prophetisch geschaut und die Menschen darauf vorbereitet. Diese Tempelruine war die Konsequenz der Geburt eines neuen und ganz anderen Tempels, nämlich des

MYSTISCHEN LEIBES DES AUFERSTANDENEN CHRISTUS.

Deshalb schreibt Johannes, Jesus spräche vom Tempel seines Leibes, als er sagte: *„Reißt diesen Tempel nieder, und in drei Tagen will ich ihn wieder aufrichten"* (Johannes 2,21). Das war eine seiner Selbstoffenbarungen gewesen, ausgesprochen in diesem Tempel von Jerusalem – auf sich bezogen. Man könnte meinen, aus Sorge, man werde seinen auferstandenen Leib zu einem neuen Objekt machen und über ihn verfügen, habe Christus sich rasch von der Welt zurückgezogen. Wir sprechen von seiner Erhöhung, von seinem Aufstieg zum Vater, im Glaubensbekenntnis, denn damit will die Kirche immer wieder darauf hinweisen, daß mit Sicherheit eine neue Ära der göttlichen Präsenz in unserer Welt begonnen hat.

Einen ähnlichen Hinweis soll uns das Zerreißen des Tempelvorhangs im Augenblick seines Kreuzestodes geben. Abgetrennter Hinterraum, Gotteswohnung mit Goldkettchen versperrt, abgeschieden vom übrigen Sanktuarium, unzugänglich für den gewöhnlich Sterblichen, absolut alleiniger Ort der göttlichen Präsenz... *„und siehe, der Vorhang riß entzwei, von oben bis unten"* (Matthäus 27,50–51). Vorbei!... Solche Verbindungen von Geschehnissen um Jesus sind wichtig und müssen zusammenschauend betrachtet werden, die symbolischen Zeichen, der ganze Realismus der Vorkommnisse, Jesu Worte, der Kontext, in den die Apostel es setzen und für uns niederschreiben – all das! So soll das Zerreißen des Tempelvorhangs bedeuten, daß es ab sofort kein abgetrenntes, privilegiertes Allerheiligstes mehr gibt, den gefangengehaltenen Gott im Hinterraum des Tempelinneren, sondern mit Jesu Tod hat die göttliche Präsenz sich nach draußen in die Welt ergossen. SIE ERFASST ALLES – SIE DURCHDRINGT ALLES – SIE HEILIGT ALLES.

Ich wüßte hierzu nichts Besseres zu empfehlen als die aufmerksame Lektüre des Buches *„Le Signe du Temple"* (Das Zeichen des Tempels) des französischen Jesuiten Jean Daniélou († 1970). Dort wird dieses Zentralthema der Bibel in meisterhafter Klarheit behandelt.

• SIND UNSERE GOTTESHÄUSER HEILIGE ORTE?

Ausgehend von allem bisher Gesagten haben Sie nun das Recht, die folgende Frage zu stellen:

> *„Aber warum, um Himmels willen, bauen wir Christen dann Generation auf Generation Millionen von Kirchen? Warum tun wir gerade das, was Christus doch offenbar überwinden wollte? Steht nicht in der Apostelgeschichte, daß sogar Paulus die Athener belehrte, GOTT WOHNE NICHT IN TEMPELN*

VON MENSCHENHAND GEBAUT (17,24)?… Und wenn unsere Gotteshäuser notwendig sind, um das gläubige Volk in ihren Mauern zusammenzuführen, müssen sie deshalb „heilige Orte" genannt werden?"

Meine Antwort möchte ich Ihnen ans Herz legen: Noch niemals hat das HEILIGE dem PROFANEN gegenübergestanden! Und insbesondere existiert seit der Menschwerdung Gottes nichts Profanes mehr auf diesem Planeten, er ist ausnahmslos eine heilige Stätte geworden, geheiligt durch die EWIGE REALPRÄSENZ, die alles erfaßt hat, alles bewohnt und alles besitzt. Ja, unsere Kirchenbauten sind heilige Orte! Doch, bitte, ohne den Denkfehler zu begehen, daß sie allein es wären… Auch der sogenannte „heilige Berg" ist nicht mehr der, der er einmal war, der alleinige Ort, wo sich die göttliche Majestät offenbart hatte. *„Unsere Väter haben Gott auf diesem Berge dort angebetet"*, sagte die Samariterin zu dem fremden Wanderer Jesus, den sie auf Grund seiner Weisheit für einen Propheten hielt, *„Ihr aber sagt, in Jerusalem sei die heilige Stätte, wo man anbeten müsse?"* Und Jesus korrigierte es noch ein zweites Mal:

„Frau, glaube mir, die Stunde kommt, da ihr weder auf dem Berg, noch in Jerusalem den Vater anbeten werdet, denn Gott ist Geist, und die ihn anbeten, müssen ihn im Geist anbeten."

(Johannes 4,21+24)

Diese Frau, die nur eben zum Brunnen gekommen war, um Wasser zu holen, diskutierte ahnungslos mit dem Welterlöser, gab ihm aus ihrem Schöpfgefäß zu trinken und ließ ihn wissen, daß sie an den Messias glaube, daß er bald käme und den Menschen alles genau erklären werde. Daraufhin sagte Jesus zu ihr:

„Ich bin es, ich, der mit dir spricht."

(Johannes 4,26)

Diese Stelle im Evangelium bedarf keines Kommentars.

Doch zur ALLGEGENWART CHRISTI IN UNSERER WELT riskiere ich, Ihnen einen gewagten, aber bedeutungsstarken Text eines anderen bekannten französischen Priesters unserer Tage, P. Pierre Antoine († 1990), vorzulesen. Hier spricht ein feuriges Herz! Es handelt sich um einen Auszug aus einem seiner zahlreichen Artikel, die er für die Pariser Jesuitenzeitschrift „ETUDE“ geschrieben hatte, veröffentlicht im März 1967:

> *„Ich lehne jede Wertsteigerung eines Ortes dieser Erde durch die Heiligkeitsbezeichnung ab, spezifisch oder ontologisch gemeint. Wollen wir denn in alte Zeiten der Gottesmanipulation zurückfallen? Nein, kein Ort ist von sich aus heilig zu nennen! Eine solche strenge Verneinung könnte als Entweihung gewisser Dinge angesehen werden, doch glaube ich, daß sie bei näherem Hinschauen nennenswerte spirituelle und mystische Dimensionen bereithält. Und diese wird man vielleicht am besten aus der Distanz erkennen – von einem Standort außerhalb des Christentums.*
>
> *Deshalb möchte ich eine in ihrer Schärfe und Kraßheit sehr ausdrucksvolle Geschichte aus der buddhistischen Literatur wiedergeben:*
>
> *Ein Mönch betritt eine Pagode, um zu beten, verspürt jedoch plötzlich den Drang zu urinieren, was er rasch an der nächstbesten Buddhastatue, gedankenversunken, erledigt. Ein Augenzeuge stürzt herbei und stellt den Mönch zur Rede, fragt ihn, ob er sich denn dieses ungeheuerlichen Sakrilegs überhaupt bewußt sei. Der Mönch weiß darauf keine schlichtere Antwort als diese: „KÖNNEN SIE MIR BITTE EINEN PLATZ IN DER WELT NENNEN, WO ICH DABEI NICHT AUF DIE GOTTHEIT TREFFEN WÜRDE?“*
>
> *Und so frage ich mich, ob wir in unserer gegenwärtigen Gesellschaft, die uns am laufenden Band Ent-*

weihungen präsentiert, fortfahren sollten, unsere Kirchen als heilige Orte aufzufassen. Gewiß, einesteils bleiben sie heilig, doch müssen wir achtgeben, daß wir mit dieser Proklamation nicht das Gegenteil von dem bezeugen, was wir eigentlich bezeugen wollen. Das Gesicht der Kirche ist leider in den Augen der Menschen zu einem toten Bild erstarrt, zu einem schönen Fossil, das nur mehr eine Vergangenheit bescheinigt. Die Kirche kann eigentlich überhaupt nicht unabänderlich festgelegt werden, denn was sagen uns heute die Porträtzüge einer mittelalterlichen Gestalt der Kunstgeschichte oder heidnische Reliefs von Tempelgestalten, die einstmals dem hohen Kult ihrer Stadtgöttin gedient hatten?

So gestehe ich: Wenn jetzt eine Naturkatastrophe alle unsere wunderbaren französischen Kathedralen dem Erdboden gleichmachte, dann würde ich aufgrund meiner Liebe und Verbundenheit zu unseren nationalen Kunstschätzen sicher leiden, doch wüßte ich auch, daß unsere lebendige Kirche bei diesem Unglück Entscheidendes zu gewinnen hätte. Dieser plötzliche Verlust würde sie von manchem Mißverständnis reinigen, von einem Bild nämlich, das heute nicht mehr das ihre sein kann.“

(Pierre Antoine, S. J.)

Was diese Gestalt der französischen Geistlichkeit hier schon vor 25 Jahren in einer angesehenen Zeitschrift publiziert hat, schockiert zweifellos jeden Leser, weil es seine Tradition erschüttert, in die er eingebettet lebt. Es mag aber ein heilsames Schockerlebnis sein, das unserer zeitgenössischen Spiritualität neue Impulse geben und ihr vielleicht ganz andere Dimensionen erschließen könnte. Dabei werden meine Gedanken, die Zeiten überschreitend, nicht nur zu Jesu Weissagung gegenüber der Samariterin zurückgetragen, daß die Stunde der Anbetung IM GEIST kommen werde, sondern lange schon vor Jesus zur Weissagung des Jeremia:

„Spruch des Herrn: Ich gebe euch Hirten nach meinem Herzen, mit Einsicht und Klugheit werden sie euch weiden. In jenen Tagen, wenn ihr euch im Land vermehrt und fruchtbar seid, wird man nicht mehr rufen: Die Bundeslade des Herrn! Sie wird niemand in den Sinn kommen, man denkt nicht mehr an sie, vermißt sie nicht und stellt auch keine neue her."

(Jeremia 3,15–16)

• WAS BEDEUTET DAS WORT TRANSSUBSTANTIATION?

Endlose Wortstreitereien unter Fachleuten ... und nahezu bis heute. Während der Eucharistiefeier findet eine Wandlung statt, die man Transubstantiation nennt. Was heißt das aber? Als die Theologen des Mittelalters versuchten, dieses geheimnisvolle Altargeschehen in Worte zu kleiden, haben sie sich auf einen technischen Ausdruck geeinigt, der übersetzt SUBSTANZWANDEL bedeutet; gemeint ist eine WESENSVERÄNDERUNG, denn das substantielle Wesen wandelt sich vollkommen. Diese beiden schlichten, aus Materie bestehenden Nahrungsprodukte, das Weizenbrot und der Traubenwein, werden nach den Wandlungsworten zum Träger der Realpräsenz Christi.

Wieso hat hier eine Substanzveränderung stattgefunden? Eine chemische Laboranalyse der Hostie und des Abendmahlweines zeigt doch keinerlei Veränderung der Materie, die in ihrer atomaren und molekularen Zusammensetzung derselbe Stoff geblieben ist! Warum ist ihr Substanzwandel nicht erkennbar?... Er kann für uns sinnlich nicht wahrnehmbar sein, weil das Chemische und das Physische nicht auf der Ebene zu finden sind, welche das WESEN der Dinge ausmacht. Die Substanz steht den äußeren und nicht wirklich wesentlichen Eigenschaften und Attributen, wie Gestalt und Aussehen, die man Akzidentien nennt, gegenüber, sie kommen zum inneren und eigentlichen Wesen nur hinzu. Diese Akzidentien sind samt und sonders materieller Art, man kann sie sehen, berühren, riechen, schmecken, messen, wägen, zählen. SINN UND WESEN aber bleiben immateriell. Spricht man demnach von einer stattgefundenen Transsubstantiation, dann meint man den SINNWECHSEL, d. h. die tiefe, wesentliche Bedeutung ist nach der Wandlung eine andere geworden. Und noch einmal: Die Substanz betrifft den immateriellen Aspekt dieses Objektes, seinen Sinn und demnach seine „Berufung".

Hier stellt sich uns die Frage, ob die Dinge im allgemeinen über ihren naturgegebenen Sinn verfügen, und meine persönliche Antwort heißt NEIN. Dieses Nein ist das Ergebnis einer sehr ernsten Betrachtung und gründlichen Auseinandersetzung mit der Welt in ihrer Evolution und Aktualität, das könnte ich über viele Stunden mit ihnen gesondert behandeln, doch meine ich, es genügt zu sagen, daß die Dinge nicht über ihren eigenen Sinn verfügen. DER SINN DER DINGE IST DER MENSCH, denn ihr letzter und tiefster Sinn besteht darin, den Menschen zu verwirklichen und ihn seiner Bestimmung zuzuführen. So besitzen die Dinge nur den Sinn, der ihnen vom Menschen eingegeben wird. Wenn nun ein Sinn immer geistiger Natur ist, mit wieviel stärkerem Grund ist dann die innere Person eines Menschen, die diesen Sinn begründet, die Präsenz selbst! Meine lieben Freunde, Sie können einen Gegenstand zum Träger Ihrer eigenen Präsenz machen!

Erstes Beispiel: Ihr Porträfoto. Derjenige, der es voll Verachtung zur Hand nimmt und es in Ihrer Gegenwart augenblicklich zerreißt, oder derjenige, der es liebevoll küßt und bei sich tragen will, erreicht Sie real und tief persönlich, als handle er an Ihnen selbst, an Ihrem physischen Gesicht und sogar an Ihrem Leib, denn Ihr Porträt ist das Zeichen für Ihre Person in der Gesamtheit – auch für Ihren Leib! Die Substanz Ihres Fotos ist also nicht im empfindlichen Fotopapier, so oder so belichtet, zu suchen, sondern in IHREM WESEN. Oder fragen Sie beim Anblick eines fremden Porträts. *„Was ist das?"* Nein, Sie fragen spontan: *„Wer ist das?"* Und in Ihrer Wer-Frage drückt sich Ihr Wissen aus, daß die Substanz dieses Fotopapieres ein ganzer, lebendiger Mensch ist – und noch endgültiger: DIE SEELE DIESES MENSCHEN.

Zweites Beispiel: Ich gehe so weit, von der SEELE EINES STUHLES zu sprechen, die der Mensch ihm einhaucht, denn was ist die Substanz eines Möbelstücks? Sie ist weder das hölzerne Rohmaterial, noch die kunstvoll gefertigten Einzelteile zum Ganzen gefügt, sondern sie ist die dahinterstehende Idee. Eine geistige Komposition ist dieser Gestaltung vorangegangen; ohne geistigen Hintergrund keine Vollendung in der Form, ohne Absicht kein Arbeitsergebnis. Am Anfang steht das innere Bild dieser Zweckbestimmung, und die Substanz eines Stuhles ist demnach sein EIGENTLICHES WESEN, in ihr liegt sein Daseinszweck begründet, seine Bestimmung. Wenn also ein Möbelschreiner zur Hobelbank geht, wenn er feilt und sägt und drechselt, wenn er seinen Leimtopf holt und sich Nägel, Zwecken und Schrauben zurechtlegt, dann flößt er allen beteiligten Materialien einen SINN ein, der darin besteht, ein Sitzmöbel zu fertigen. Die verschiedensten Dinge bekommen hier eine gemeinsame Bestimmung in der Zielsetzung, und somit findet eine TRANSSUBSTANTIATION statt. Ihr Substanzwandel besagt, daß sich der tragende Gedanke und somit das WESEN dieser Dinge verändert haben.

Drittes Beispiel: Wir beobachten zwei junge Menschen, die in einem blühenden Sommergarten spazierengehen. Plötzlich kniet das Mädchen nieder, pflückt eine Blume und schenkt sie dem jungen Mann in einer Geste der Liebe. Im Bruchteil einer Sekunde hat hier eine SUBSTANZVERÄNDERUNG der Blume stattgefunden, sie hat aufgehört, nur eine Pflanze unter den tausend anderen dieses Gartens zu sein, denn sie wurde zum Zeichen und persönlichen Geständnis, zum Abbild der empfundenen Liebe eines Menschen für einen andern. Ob der junge Mann diese Blume beglückt an sein Herz nimmt oder ob er sie sogleich in hohem Bogen beiseite wirft – beide Gesten berühren (wie beim Beispiel des Porträtfotos) das Mädchen zutiefst, denn der Mann küßt oder mißachtet nicht mehr irgendeine Blume, sondern die ihm entgegengebrachte Liebe in der Gestalt einer Blume.

Sinn und Bestimmung der Blume haben sich in jener Sekunde vollkommen verändert, als sie mit dem Vorhaben gepflückt wurde, zur PERSÖNLICHEN BOTSCHAFT FÜR EINEN BESTIMMTEN MENSCHEN zu werden, während Sinn und Bestimmung zuvor darin lagen, den Garten zu zieren und den Insekten zu dienen. Diese „Zweckverschiebung" macht ihren Substanzwandel aus, weil das Wesentliche – Wesen und Bedeutung – plötzlich verändert wurden. In der philosophischen Sprache verwendet man hier drei Begriffe: TRANSSIGNIFIKATION (Bedeutungswandel), TRANSFINILISATION (Bestimmungswandel) und TRANSSUBSTANTIATION (Wesenswandel). Diese drei Bezeichnungen sind gleichwertig, denn sie sind gewissermaßen gleichbedeutend.

Schalten wir hier eine wichtige Frage ein: Welcher Unterschied besteht zwischen einem Konzept und einem Symbol? Das Konzept ist eine intellektuelle Idee, das Symbol eine materielle Wirklichkeit. Wir meinen oft, es wäre ehrenvoll, aufgrund von Konzepten von göttlichen Dingen zu sprechen, in abstrakten, theoretischen Begriffen, die der Transzendenz der Gottheit mehr Würde verliehen. Das genaue Gegenteil ist der Fall. Ein Konzept schließt eine Wirklichkeit fest in ihr Wortgebilde ein, das Symbol geht dagegen von einer konkreten Wirklichkeit aus und wirft uns damit in ein bestimmtes Bild hinein, in eine poetische Ordnung, tiefer noch, in eine mystische Ordnung. Mystik und Dichtung finden ihren Ausdruck in Zeichen und Symbolen – und so die gesamte christliche Offenbarung.

Meine lieben Freunde, insbesondere leben wir in einer Welt von ZEICHEN UND PERSONEN, darüber sollten wir uns im klaren sein. Doch sind wir noch immer in einer sachbeschreibenden und materialistischen Philosophie befangen, sodaß wir die meisten Fragen nur unter dem physischen Aspekt angehen, wobei wir uns aber, die Wahrheit verkennend, in Widersprüchen verhaken. In unserer menschlichen Welt bezeichnet die Substanz den Sinn, den wir Menschen den Dingen geben, oder die Zweckbestimmung, die sie durch uns erhalten. Das große Verdienst der Phänomenologie ist es, diese tiefe Wahrheit ans Licht gebracht und gut erklärt zu haben: Substanz und Wesen müssen im beabsichtigten Ziel gesucht werden. Eine andere Substanz gibt es nicht.

Der Mensch kann einer Sache oder einem Ding einen Sinn geben, und er kann ihn auch wieder nehmen und gegen einen anderen auswechseln. Der Mensch ist der Schöpfer des betreffenden Sinnes, so oder so. Sache oder Ding sind dann nicht länger neutral, sie haben vom Menschen einen NEUEN SINN erhalten. Was hat stattgefunden? Ein Sinnwechsel, ein Bedeutungswandel, eine Transsubstantiation, ganz real, denn der Mensch hat das Recht so zu handeln. Möglicherweise könnte man hier einwenden, daß der Mensch zwar fähig ist, den Dingen einen Sinn zu verleihen, doch reicht seine Macht nicht so weit, daß er ihnen seine geistige Präsenz einflößen kann. Wenn die Substanz der Dinge ihren ganzen Sinn ausmacht, dann ist die Substanz des lebendigen Menschen seine innere Person, sein Wesen, seine Geist-Präsenz. Der Mensch kann sehr wohl den Dingen einen Sinn einhauchen wie eine Seele. Kann er ihnen aber auch die Macht verleihen, diesen Sinn spürbar werden zu lassen und, im strengen Wortsinn, Träger seiner menschlichen Präsenz zu sein?... Warum nicht? Diese Behauptung kann nun nichts Absonderliches mehr haben, nach allem was wir bisher behutsam durchdacht und entwickelt haben.

• DIE WESENSVERÄNDERUNG DER ALTARGABEN

Christus hat mehr oder weniger dasselbe getan. Er nahm diese beiden alltäglichen Nahrungsprodukte, die keinen anderen Sinn haben, als den Menschen zu ernähren und zu erfreuen, unter einem bestimmten Vorhaben in beide Hände und entschied, daß sie unter gewissen Umständen (Ritus) eine NEUE BEDEUTUNG bekommen sollen. Sie wurden zu seinem Leib und Blut, zu Trägern seiner Gegenwart. Diesen Sinnwandel kann jeder von uns mit Dingen vollziehen, und am häufigsten tun es die Liebenden untereinander: In der Gestalt eines materiellen Geschenkes verschenken sie ihre Person mit Leib und Seele an den geliebten Menschen. Jeder Bedeutungswandel ist eine Transsubstantiation, wesentlich ist dabei das wirklich Gemeinte und Geglaubte und nicht nur ein bloßes Dafürhalten. Indem Brot und Wein in den Händen Jesu ihren Sinn und ihren Zweck verändert haben, hat sich ihre Substanz gewandelt, hier auf dem Altar, doch ebenso in der Schreinerwerkstatt beim Zimmern eines Stuhles oder im Sommergarten beim Brechen und Verschenken einer Blume. BESTIMMUNGSWANDEL, BEDEUTUNGSWANDEL, WESENSWANDEL. Auf der materiellen Ebene, physikalisch-chemisch untersucht, werden diese Elemente immer Brot und Wein genannt werden und nichts anderes, doch im tieferen Sinn, im Bereich ihres WESENS, haben sie sich zum Leib und zum Blut unseres Herrn gewandelt, zum Träger seiner Realpräsenz. Diese Sichtweise bewahrt uns vor einer magischen oder mythischen Deutung dieses großen Geschehens.

Hier wäre das eine so unsinnig wie das andere, nämlich von der physischen Gegenwart Christi unter den Gestalten von Brot und Wein zu sprechen oder von der physischen Gegenwart eines anderen Dinges, dargestellt durch ein Wort, durch ein Zeichen, durch ein Symbol. Wesen und Substanz einer soeben gehißten Fahne ist ihr Land mit der Realpräsenz aller seiner Menschen. Das Gemeinte ist WAHRHAFT GEGENWÄRTIG. Freilich nicht sinnlich wahrnehmbar, weil der Sinn eines Dinges, seine Substanz, nicht der physischen Ordnung angehört. Aber es ist eine Realpräsenz, und deshalb nannte man die Gegenwart Christi im Altarsakrament eine „reale" Gegenwart und nicht eine „physische". Hier geht es nicht um eine „geistigere" Gegenwart auf der Basis einer Gegenüberstellung oder eines Gegensatzes zwischen dem Geistigen auf der einen Seite und dem Realen, Echten, Wahren auf der anderen, sondern wir haben hier „die" GEISTIGE GEGENWART IM ALLUMFASSENDEN SINN, weil selbst Wesen und Natur dieser Gegenwart geistig sind, und das bedeutet immer eine reale Gegenwart. Das Geistige bildet überall die Grundlage des Realen, es enthält, wie wir früher sagten, die Welt in all ihrer Physis. Das Geistige ist das Herz des Realen, das Herz des Herzens, das Reale des Realen ... seit pharaonischen Zeiten von den Einfühligen als eine selbstverständliche Wahrheit erkannt.

Alles, was am Altar geschieht, geschieht in der Absicht auf ein Ziel hin. Schon zu Beginn der Messe und später bei der

Gabenbereitung in ausgeprägter Form hat die Eucharistiefeier PROJEKT-CHARAKTER, ihr Vorhaben besteht darin, diese Gaben zu wandeln und ihren Sinn zu verändern. Heute muß die sachbeschreibende und einseitig materialistische Philosophie einer PERSONALISTISCHEN PHILOSOPHIE Platz machen, sie muß dem PERSÖNLICHKEITSWERT der Eucharistie gerecht werden, den Hostie und Wein besitzen. Dieses Verständnis rettet uns vor Entgleisungen und manchen irrtümlichen Wahrheitsabweichungen, wie sie uns Theologen nur zu oft in der Vergangenheit unterlaufen sind.

Ich erinnere mich noch an „eucharistische Blutwunder" und ähnliche Geschichten, die uns Kindern im Religionsunterricht mit erhobenem Finger klargemacht wurden, um uns die Realpräsenz Christi unter Beweis zu stellen. So soll z. B. ein Priester kurz vor der Wandlung vom Zweifel heimgesucht worden sein, und die Antwort des Himmels war nicht ausgeblieben: Im Augenblick der Brechung der Hostie über dem Kelch soll sie so stark zu bluten begonnen haben, daß das Blut der „Realpräsenz" sogar auf die weiße Altardecke geflossen ist. Ein Keulenschlagbeweis für die Gegenwart Christi, die den erschrockenen Priester heilen mußte, für immer bekehrt, und zugleich eine Lektion für uns kleinen Schüler der Katechese...

Indem wir nun die Realpräsenz Christi während der Eucharistiefeier in der persönlichen und gesellschaftlichen Perspektive als ein „Zeichen" betrachtet haben, schockiert uns dieses Wort „Zeichen" nicht mehr, im Gegenteil, damit werden wir der Natur der Sache nur gerecht, vollkommen gerecht. Dazu bedarf es allerdings einigen Mutes, diese Fragen in aller Aufrichtigkeit an der Basis überhaupt zu stellen, wobei man aber gut erkennen kann, was die Worte verschleiert hielten.

Hier will ich einen Hinweis auf den großen Origines machen und daran erinnern, welche Beziehung er zwischen der Eucharistie und dem Tempel von Jerusalem hergestellt hat. Er nennt den eucharistischen Leib, den wir während der Messe empfangen, „symbolisch“ im Vergleich zum Logos selbst und zu anderen Manifestationen des Logos, die wir vielleicht viel unmittelbarer oder spiritueller erleben können. War aber, so fragt Origines, der Tempel von Jerusalem etwa kein wirklicher Tempel? Selbstverständlich war er das. Nichtsdestoweniger war er nach den Worten Jesu zugleich ein Sinnbild, ein Typus, im Vergleich zu dem noch viel wahreren Tempel, in dem Gott gewöhnlich Wohnung nimmt: In der gerechten Seele eines Menschen. Soweit Origines.

Weil wir nicht in einer unpersönlichen, sondern in einer persönlichen Welt leben, geht es bei der Eucharistie einzig und allein um den SINN. Nur in dieser Perspektive können wir verstehen, was eine Realpräsenz wirklich ist. Denken wir noch einmal an die verschenkte Blume als Liebesgeste, und übertragen wir sie auf die Hostie. Wenn ich als Meßbesucher die konsekrierte Hostie draußen haßerfüllt in den Abfallkübel werfe, dann ist das eine Profanierung, eine bewußte Schändung, bei der Christus ganz sicher – wie jenes Mädchen im Sommergarten – getroffen wird. Doch springt ein Hund daher und schnubbert an einer zu Boden gefallenen, geweihten Hostie, trägt sie davon und „schändet“ sie, dann wird ihre Heiligkeit nicht angetastet, es ist, als würde nichts geschehen. Christus kann vom Benehmen eines Hundes in keinerweise negativ berührt werden, weil sein Spiel mit der Hostie jeder negativen Absicht entbehrt und daher gegenstandslos ist.

Der französische Theologe Yves de Montcheuil († 1942) hat in einem Aufsatz das Beispiel einer Maus gebracht. Eine Maus ergattert sich in der Sakristei eine geweihte Hostie. Es wäre wohl absurd zu glauben, schreibt er, daß die Maus „kommuniziere“, indem sie sich den Leib Christi schmecken läßt, denn das, was für die Gläubigen der Leib Christi ist, ist für eine Maus nichts anderes als gemeines Brot, das ihrem Freßinstinkt dient und ihren kleinen Magen füllt. Manchen frommen Ohren mag das seltsam klingen, doch solange wir nicht verstehen, daß nur die Zielbestimmung dieses Brotes zählt, solange werden wir wenig verstehen... Wir sollen mit bereitem Herzen voll bewußt den LEIB CHRISTI in Brotgestalt aufnehmen. Meine lieben Freunde, was ich hier bildlich beschrieben oder zitiert habe, verringert oder entkräftet die WAHRHAFTIGKEIT DER CHRISTUSGEGENWART in der Eucharistie in keiner Weise! Im Gegenteil, es hilft uns, ihr den Platz in unserem Leben einzuräumen, der ihr gebührt. Eine Realpräsenz gibt es nur für den Menschen, der tatsächlich GLAUBT, FÜHLT, WEISS, für den, der innerlich dabei ist. Für das Tier, für den Ungläubigen wie für den völlig Gleichgültigen gibt es keine Realpräsenz Christi. Ihren SINN bekommt sie nur in der Welt des bereitwilligen Menschen und im Rahmen eines eng-persönlichen Miteinander.

• JEDE PRÄSENZ IST EINE PRÄSENZ GEGENÜBER EINEM ANDERN

Auf derselben Linie weitergedacht, könnte man sagen, daß es eine bestimmte Gegenwart „an sich" überhaupt nicht gibt, sondern daß diese sich immer auf ein Gegenüber beziehen muß, um zu sein.

Beispiel: Seit gut einer Stunde habe ich Sie heute hier in diesem Exerzitienraum mir gegenüber, Sie sind etwa 40 Personen. Doch erst seit wenigen Minuten befinde ich mich mit einer der Anwesenden in persönlichem Kontakt – nehmen wir Therese dort in der Ecke. Obwohl Therese seit einer Stunde zuhörend und mitdenkend hier präsent ist, nehme ich sie jetzt zum ersten Mal wahr, wobei sie augenblicklich auf eine ganz andere Art präsent wird, für mich nämlich. Der Schritt vom rein materiellen Gegenwärtigsein zum menschlich-persönlichen Gegenwärtigsein hat stattgefunden. Und je mehr ich nun mit Therese persönlich Verbindung aufnehme und ihr dabei in noch stärkerer Hinsicht begegne, so weit wird der Grad ihrer Präsenz hier im Raum für mich wachsen. Hier wissen Liebende wieder mitzureden, sie alle haben es nicht nur einmal erfahren, daß der Geliebte in der Menge den ganzen Raum ausfüllte (*„ich habe nur ihn/sie gesehen"*), nicht wahr? Solange ich Therese unter meinen Zuhörern noch nicht entdeckt hatte,war sie schlicht nicht da, sie erwachte erst in dem Augenblick zur Existenz, als ich sie sah. Das läßt mich an Descartes denken, an sein karthesisches *„cogito ergo sum"* (Ich denke, daher bin ich), um es in die zwischenpersönliche Welt umzusetzen. Dann würde ich sagen:

MAN NIMMT MICH WAHR, DAHER BIN ICH.

Man schaut mich an, ich werde wahrgenommen ... also existiere ich! Meine lieben Freunde, wir existieren alle nur in dem Maß, in dem wir von den andern bewußt ERLEBT werden, indem wir von ihnen mit einem persönlichen Blick bedacht und aufgenommen werden wie von einem Gefäß – und zwar als der, der wir in unserer Einzigartigkeit und Besonderheit sind.

Die Realpräsenz muß, um real zu sein, eine GEISTPRÄSENZ sein, also sehr viel mehr als nur ein Leib in einem Raum. Therese wurde von einem Moment zum andern vom bloßen Leib in diesem Raum zur Geistpräsenz, weil ich sie wahrgenommen hatte. Jede Präsenz erfordert diesen persönlichen Schritt, ohne den sie allen Sinn entbehren müßte. Ohne den sie, vereinfacht gesagt, nicht existent wäre.

Obwohl Jesus Christus die KOSMISCHE UNIVERSALPRÄSENZ ist, vollzieht er diesen pesönlichen Schritt während der Eucharistiefeier mit uns. Durch eine besondere Geste und seinen Willen (*„Tut dies zu meinem Gedächtnis!"*) macht er sich in diesem Weihesakrament präsent, doch nicht dem Kirchenraum, sondern uns Menschen! Seine Geste geschieht unter der sehr bestimmten Absicht, sich an jeden von uns persönlich hinzuschenken. Er gibt uns dieses Zeichen, und er ist selbst dieses Zeichen. Und wie konkret, wie leicht faßlich ist dieses Zeichen, damit es JEDEN MENSCHEN erreichen kann, damit JEDER MENSCH persönlich reagieren und es annehmen kann! (*„Nehmet hin und esset!"*)

Denn es ist nun an uns, auf dieses pesönliche Zeichen persönlich zu antworten. Auf die Realpräsenz Christi muß jeder mit seiner eigenen Realpräsenz antworten – und das ist der ENTSCHEIDENDE GLAUBENSSCHRITT des Menschen.

Der Glaube besteht für den Menschen darin, sich für denjenigen präsent zu machen, der sich für uns zuerst präsent gemacht hat – Gott! Erst bei dieser Begegnung und im gegenseitigen Innewerden von zwei Präsenzen findet die wahre Kommunion statt.

Empfang und Verzehr der beiden heiligen Gestalten machen die Kommunion noch nicht aus; im Gegensatz zu dem, was allgemein angenommen wird, besteht die Kommunion nicht darin, die geweihten Gaben materiell entgegenzunehmen. Eine bestimmte Konzeption, ererbt vom Trienter Konzil im 16. Jahrhundert, hat uns vielleicht zu sehr daran gewöhnt, die Spendung der Sakramente als eine quasi magisch funktionierende Angelegenheit zu betrachten, aber losgelöst vom urpersönlichen Glaubensschritt des Menschen ist das falsch! Manch einer könnte mich wegen dieser Aussage protestantischen Denkens bezichtigen, doch würde ich meiner Überzeugung treubleiben müssen, daß die Kommunion in mir nur so viel bewirken kann, als mein Glaube wirklich dabei aktiv ist. Sie wirkt dem Maß meines Glaubens entsprechend und dem Maß meines inneren Bereitseins. Entscheidend bleiben Grad und Umfang meiner eigenen Präsenz gegenüber der Realpräsenz Christi.

• DER DREIFACHE LEIB CHRISTI

Es scheint mir ein wahrer Gedanke zu sein, den Henri de Lubac 1950 in einem seiner Werke zum Ausdruck gebracht hat:

„Le propre du sacrement est de passer."
(Das Sakrament hat die Besonderheit zu verschwinden.)

Wenn demnach der Sinn des Sakramentes darin besteht, ein „Zeichen" für etwas anderes zu sein, Vorbereitung für etwas anderes, Zugang zu etwas anderem, dann ist es wohl notwendig, daß es sich wieder löscht, sobald sich diese andere Wirklichkeit, die es zeichenhaft dargestellt und vorbereitet hatte, erfüllt. Ein Sakrament ist etwas Relatives gegenüber einem Absoluten. Das Sakrament dient als Mittel, um zu einem bestimmten Ergebnis zu gelangen, es ist selbst dieser Weg zum Ziel.

Um welches Ziel handelt es sich bei der Eucharistie? Was ist ihr Absolutes? Geht es ihr um einen neu erstehenden physischen Leib des Jesus von Nazaret, der vor 2000 Jahren geborene, geliebte, gekreuzigte, begrabene, auferweckte und aufgestiegene Leib des Messias? Ja und nein. Ja sage ich, denn es ist sehr wohl dieser Jesus von Nazaret, der uns in der Eucharistie gegenwärtig wird und kein anderer. Er selbst ist jedoch ein ganz anderer geworden, weshalb ich zugleich ein Nein setzen muß. Dieser Leib aus Fleisch und Blut ist durch seine Auferstehung und Erhöhung (Himmelfahrt) ein anderer geworden. Für diesen neuen Leib, den wir auch den verklärten Leib Christi nennen, war der physische des Jesus von Nazaret damals etwas Vorläufiges gewesen, ein Vorbote, der Beginn von etwas ganz anderem.

Zwischen diesem ersten, dem physischen Leib und dem dritten, dem endgültigen, der die in ihm zusammengeführte und vereinte Menschheit darstellen wird, besteht dieselbe Entfernung wie zwischen der Samenfrucht und dem Baum, d. h. zwischen der Anlage und der voll entfalteten, reifen Wirklichkeit. Die Vollendung des ausgewachsenen Baumes, wohlgestaltet in seiner ganzen Fülle und Schönheit, entspricht dem MYSTISCHEN LEIB der endlich versöhnten Menschheit, wenn sie als EINHEIT IN CHRISTUS erstrahlen wird. Dieser Leib ist der definitive Leib Christi, für den der Leib des Jesus von Nazaret die Vorbereitung gewesen war.

Was aber ist die Rolle des Eucharistischen Leibes zwischen diesen beiden anderen?

Die Eucharistie führt einen Dienst aus. Sie dient ihnen als helfender Mittler und ist selbst nur ein vorübergehendes, aber zielführendes Element. Nennen wir sie den Ort dieses Überganges.

So riskant es ist, den ganzen Christus dem Fleische nach erkennen zu wollen und diese Sicht auch noch zu verabsolutieren, wozu die Jünger des Paulus geneigt hatten, so riskant ist es auch, die Eucharistie zu verabsolutieren. Beide, der physische und der eucharistische Leib, sind nur Etappen, die uns beide vom Kommenden künden sollen – dem dritten Leib.

DER PHYSISCHE LEIB FÜHRTE ZUM EUCHARISTISCHEN LEIB, DER EUCHARISTISCHE LEIB FÜHRT ZUM MYSTISCHEN LEIB.

Hieße es nicht, die Christus-Idee der Eucharistie verraten, wenn wir uns bei ihr aufhielten? In der Tat gibt es einen eucharistischen Anbetungskult, der spirituell gesehen einen arg kümmerlichen Eindruck macht, wenn man einmal Zeuge wird. Auf mich wirkt er beklemmend und in manchen Fällen krankhaft. So nicht! ... sagt die innere Stimme, die Anbetenden müssen in einem tiefem Irrtum befangen sein, denn wir sollen doch mit der Eucharistie denselben Übergang persönlich mitvollziehen, den die Apostel beim Schauen und Erleben des Auferstehungsleibes Jesu vollzogen haben. Jede Vorbestimmung oder Fixierung, die sich an der Vergangenheit orientiert oder sachbeschreibende Philosophie sein möchte, ist hier von Übel, weil es uns in frühere, längst überholte Zeiten der Idolatrie zurückdrängt.

Unser geistiges, unser inneres Auge muß auf die letztgültige Wirklichkeit des Mystischen Leibes gerichtet sein, wir müssen das Verlangen entwickeln, zu ihm hinzustreben und in ihn hineinzuwachsen. Ihn gilt es, innig zu lieben und anzubeten! Für die beiden anderen, den physischen wie den eucharistischen Leib, dürfen wir zweifellos viel Zuneigung bewahren, doch müssen wir, im Erkennen der Wahrheit, zugleich unseren Ablösungswillen entwickeln. Gewiß sollten wir beiden gegenüber eine tiefe und herzliche Verehrung empfinden und ihnen auch Huldigung zollen, doch stets mit der inneren Bereitschaft, diese in gewisser Weise auch überschreiten zu wollen. Unser geistiger Blick und unser verstehendes Herz sollten sich stets nach vorn orientieren, hin zum endgültigen Leib Christi, der die Gesamtheit aller Menschen und des Universums in sich eingliedern und in der vollendeten Liebe vereinen wird – aber in der Liebe des persönlichen Gottes zur Einzelperson.

Das Absolute ist universal UND personal. Die Naturreligion erlebt die EXISTENZ Gottes, die jüdische Religion erlebt die HEILIGKEIT Gottes, die christliche Religion aber erlebt die INTIMITÄT Gottes. Mit Intimität ist die ganze Innigkeit und Vertrautheit zum einzelnen – auch im Mystischen Leib unserer Zukunft – gemeint, welche bereits in der geschichtlichen Inkarnation und in der Eucharistie ihre Krönung in der personalen Nähe gefunden und sozusagen bewiesen hat.

Unsere Überlegungen haben uns jenseits von gelegentlichen Magie-Vorstellungen oder Mythologie-Interpretationen offenbart, daß es sich beim Eucharistischen Mahl um eine

PERSÖNLICHE LIEBESBEGEGNUNG

handelt. Mensch und Gott begegnen sich. Es geht um ein direktes Zusammentreffen mit unserem Schöpfergott, der die Unendlichkeit kosmischer Weltenräume überschritten hat, um den einzelnen persönlich zu erreichen, und bei jedem Teilnehmer dieses Mahles versucht, einen ähnlichen Schritt zu bewirken, damit die Begegnung, beiderseitig vollzogen, ein LIEBESMAHL werde. Im wechselseitigen Innesein kann diese Vereinigung schon heute zur höchsten Vollendung gebracht werden – die Einswerdung des Menschen mit Christus auf dem Wege zur Einswerdung aller Wesen im

MYSTISCHEN LEIB.

DER MYSTISCHE LEIB

„DAS IST MEIN LEIB" (LUKAS 22,19),
DAS IST DEIN LEIB,
LEIB DES MANNES, LEIB DER FRAU, UNSER LEIB,
EINSGEWORDEN IN DEM EINEN.

„UND DIE BEIDEN WERDEN DANN ZU EINEM FLEISCHE",
(GENESIS 2,24),
UND DIE TAUSEND WERDEN DANN ZU EINEM FLEISCHE,
UND DIE MILLIARDEN WERDEN DANN ZU EINEM FLEISCHE,
HERZ MIT HERZ VEREINT IN EINEM LEIB
FÜR KOSMISCHE ZEITEN UND EWIGKEITEN.

AUGE DES WIRBELSTURMS...
DIE UNZÄHLBAREN STAUBTEILCHEN DER GALAXIE „MENSCH"
SAUGST DU UNAUFHALTSAM IN DEINEM SOG
HINEIN IN DEINES WESENS MITTE.
ACHSE DES RADES! ACHSE DER GESCHICHTE.
RADACHSE DER MENSCHHEITSGESCHICHTE.
DICH IN DER KOMMUNION EMPFANGEN,
HEIẞT DIE GESAMTE MENSCHHEIT EMPFANGEN
UND DAZU ALLES ANDERE.

UND MEINE KOMMUNION MIT DIR
BEDEUTET KOMMUNION DER MENSCHEN UNTEREINANDER,
DENN DIE VIELZAHL DER SPEICHEN, MIT DIR VEREINT,
BILDEN DAS RAD GESAMTMENSCHLICHER EXISTENZ.

EINSWERDUNG MIT DEN ANDERN
HEIẞT, SICH MIT DIR VERBINDEN,
DENN IN DIESER STARKEN MITTE
VEREINST DU UNS ALLE IN UNSERER WESENSTIEFE.

ZENTRUM DES UNIVERSUMS...
HERZ GOTTES IM ZENTRUM DES UNIVERSUMS!
DEIN RHYTHMISCHES SCHLAGEN BELEBT DAS SEIN
UND DAS UNVORSTELLBAR GROẞE,
DAS DU IN DIR ZUSAMMENZIEHST
UND VERGÖTTLICHST.

NUR IN DIESEM OFFENEN UND BRENNENDEN HERZEN
LÄẞT SICH DER KÜHNSTE LIEBESTRAUM ERFÜLLEN:
EINEM EINZELNEN ALLES SEIN
UND ZUGLEICH ALLEN ANDEREN
IN DER EINSWERDUNG ALLER.

MICH DIR HINZUGEBEN, HEIẞT JEDEM WESEN BEGEGNEN
IN DESSEN SEELENGRUND,
IN DESSEN FLEISCH UND BLUT UND BEIN,
„UND DIE BEIDEN WERDEN DANN ZU EINEM FLEISCHE",
UND DIE TAUSEND WERDEN DANN ZU EINEM FLEISCHE,
UND DIE MILLIARDEN WERDEN DANN ZU EINEM FLEISCHE,
HERZ MIT HERZ VEREINT IN EINEM LEIB
FÜR KOSMISCHE ZEITEN UND EWIGKEITEN.

DICH EMPFANGEN, HEIẞT DIE WELT EMPFANGEN,
HEIẞT EINSWERDUNG MIT ALLEN GENERATIONEN,
MIT JEDEM MANN, JEDER FRAU, JEDEM KIND.

MICH AN DICH VERLIEREN,
HEIẞT, MICH IN DIR ZU FINDEN UND IN IHNEN ALLEN,
ERWEITERT INS UNENDLICHE
UND VERVIELFACHT MIT DEN DIMENSIONEN DES ALLS,
DENN ALS GEGENGABE FÜR MEINE EINZELSEELE
ERHALTE ICH DIE SEELE DER WELT ZUR VEREINIGUNG.

ALLES VERLIEREN BEDEUTET ALLES GEWINNEN.
WENN DAS ERDMOLEKÜL SICH VERLIERT UND VERGIẞT,
WIRD ES SICH WIEDERFINDEN ALS PFLANZENZELLE,
UND WENN DIESE SICH ZU VERGESSEN WEIẞ,
WIRD SIE AUFERSTEHEN ALS LEBEWESEN.

IN DEINEM LEIB GIBT UND EMPFÄNGT SICH JEDER,
IN DEINEM LEIB VERLIERT UND FINDET SICH ALLES.
IN DEINEM LEIB WEICHEN HINDERNISSE
UND SCHRANKEN,
UND ENTFERNUNGEN SCHWINDEN,
IN DEINEM LEIB LÖSEN SICH UNSERE KETTEN,
UND DER RAUM DEHNT SICH INS GRENZENLOSE.

IN DEINEM LEIB ERLISCHT ALLES ZEITLICHE,
DENN IM ZENTRUM DES SEINS
TAUCHEN WIR EIN INS EWIGE,
IN DEINEM LEIB WERDEN WIR AUFGENOMMEN
VOM HERZEN GOTTES.

Henri Boulad

Henri Boulad, Jesuit, geb. 1931 in Alexandrien, verkörpert, was einst den Reiz dieser Stadt ausgemacht hat: einen Schmelztiegel der Universalität. Der Abstammung nach Syrer und Italiener, der Nationalität nach Ägypter und Libanese, dem Ritus nach byzantinischer Grieche, der Kultur nach Franzose, ein Jünger von Pascal, Teilhard de Chardin und Simone Weil, begabt mit orientalischer Seele und westlicher Denkweise, träumt Henri Boulad von einer Zusammenführung und Versöhnung der unterschiedlichsten Bereiche: Philosophie und Theologie, Physik und Mystik, Sexualität und Keuschheit, Aktion und Kontemplation, Soziologie und Religion, Wirtschaft, Politik und Glaube. Er liegt damit genau auf der Linie des „christlichen Humanismus", der für die Spiritualität der Jesuiten und ihres Ordensgründers Ignatius von Loyola charakteristisch ist. Dank seiner Fähigkeit zur Integration findet er sich auch in der Avantgarde der Postmoderne wieder, deren Kennzeichen die Interdisziplinarität ist.

Sein Studium der Spiritualität, der Literatur, der Philosophie, der Theologie und der Psychologie hat ihn aus dem Libanon nach Frankreich und in die USA geführt, wo er sich ein Doktorat in Psychologie erwarb. Als Erzieher, geistlicher Führer, Vortragsreferent und Theologieprofessor übernahm er der Reihe nach die Aufgaben des Jesuitensuperiors in Alexandrien, des Regionaloberen der Jesuiten in Ägypten, des Direktors der Caritas Ägypten sowie des Vizepräsidenten der Caritas Internationalis für die arabische Welt (Naher Osten und Nordafrika). In Anerkennung seines Einsatzes für die Ärmsten wurde er von Frankreich zum Offizier, später zum Kommandeur des Ordre National du Mérite (Nationalen Verdienstordens) ernannt.

Als ewig Suchender wähnt er sich nie schon am Ziel. Sein Verlangen nach einer Verbindung und Versöhnung von Glaube und Vernunft, von Tradition und Moderne drängt ihn zu immer neuen Frage- und Infragestellungen. Als Liebhaber des Risikos, als Freund des Paradoxen und als leidenschaftlicher Provokateur stellt Henri Boulad eine Persönlichkeit der Sonderklasse dar, die sich in keine Kategorie hineinzwängen läßt.

Zahlreiche Veröffentlichungen in vierzehn Sprachen

HENRI BOULAD

DIE TAUSEND GESICHTER DES GEISTES

1. Auflage 2001
2. Auflage 2002

im OTTO MÜLLER VERLAG
Salzburg–Wien–Leipzig

Inhalt

WEITERE BÜCHER VON HENRI BOULAD

in der Übersetzung von Hidda Westenberger

ALLES IST GNADE
Der Mensch und das Mysterium der Zeit

DIE TAUSEND GESICHTER DES GEISTES

DIMENSIONEN DER LIEBE
Persönliche Aufzeichnungen

DIE VERNUNFT DES HERZENS
Wohin die Seele strebt

STARKES TUN, STÄRKERES SEIN
Leid und Sendung der Frau

SAMUEL SAMUEL!
Alexandrinische Predigten

MYSTISCHE ERFAHRUNG UND SOZIALES ENGAGEMENT

ORDNE DEINE TAGE IN FREIHEIT
Selbstverwirklichung und Erlösung

JESUS IN DIESEN TAGEN
Zwölf moderne Gleichnisse

IM LICHT DER HINWENDUNG
Vorträge vor Geistlichen

GOTTESSÖHNE, GOTTESTÖCHTER
Gelebte Existenzreligion